# रमानाथ राय की सर्वश्रेष्ठ कहानियाँ

(कहानी-संग्रह)

# रमानाथ राय की सर्वश्रेष्ठ कहानियाँ

अनुवाद एवं संपादन
द्विलीप कुमार शर्मा 'अज्ञात'

वाणी प्रकाशन ग्रुप
भारतीय ज्ञानपीठ
वाणी प्रकाशन : भारतीय ज्ञानपीठ की पुस्तकों के एकमात्र प्रकाशक एवं वितरक

लोकोदय ग्रन्थमाला : ग्रन्थांक 1515

पहला संस्करण : 2021
दूसरा संस्करण : 2025

वाणी प्रकाशन ग्रुप | भारतीय ज्ञानपीठ

वाणी प्रकाशन : भारतीय ज्ञानपीठ की पुस्तकों के एकमात्र प्रकाशक एवं वितरक

**वाणी प्रकाशन**

4695, 21-ए, दरियागंज, नयी दिल्ली-110 002
दूरभाष : 011-23273167, 23275710
ईमेल : sales@vaniprakashan.in
www.vaniprakashan.com

**ISBN : 978-93-7112-769-1**

**मूल्य : ₹ 325**

**रमानाथ राय की सर्वश्रेष्ठ कहानियाँ**

*(कहानी-संग्रह)*

अनुवाद : **दिलीप कुमार शर्मा 'अज्ञात'**



RAMANATH RAI KI SARVASHRESHTHA KAHANIYAN
*(Short-Stories)*
Translated by Dilip Kumar Sharma 'Agyat'

मुद्रक : आर. टेक ऑफ़सेट प्रिंटर्स, दिल्ली-110 032

मेरी माँ
स्वर्गीय हीरामुनी देवी
व पिता
श्री मथुरा शर्मा
के
चरण कमलों में सादर समर्पित।

**भूमिका**

# हिन्दी में रमानाथ राय

बांग्ला साहित्य में रमानाथ राय का नाम उस तरह से नहीं लिया जाता जिस तरह बांग्ला के किसी अन्य शीर्ष साहित्यकार का नाम। नामों की एक सूची बनाई जाए तो रमानाथ राय का नाम उस सूची-क्रम में कहाँ मिलेगा, यह मैं नहीं कह सकता। (हालांकि ये पश्चिम बंगाल के सरकारी पुरस्कार से सम्मानित हैं) बांग्ला के ऐसे बहुत से साहित्यकार हैं-जिनकी रचनाएँ ही उनकी पहचान हैं। कृतियों का नाम लेने से कृतिकार का नाम शायद ही किसी को याद आए, मगर कृति का नाम लेते ही कथा के सभी पात्र हमारी नज़रों के सामने जीवित दिखने लगते हैं। कृति की कथावस्तु की बातें चलते ही लोग इसे अपनी चर्चा का विषय बना लेते हैं। उन कृतियों को इतना पढ़ा गया है कि उस पर चर्चा शुरू हो जाए तो कई शामें कम पड़ जाए। बंगाल के समाजिक परिवेश में ऐसा कई बार देखा हूँ, चर्चाएँ सुना हूँ। यहाँ तक कि विवाह हेतु लड़की देखने के दौरान बंगाली परिवार का बुजुर्ग उस लड़की से और भी बातों के साथ समान्यतः 'रवींद्र साहित्य' और 'शरत् साहित्य' से कुछ प्रश्न अवश्य करता है। साहित्य और साहित्य के पात्र प्रश्न के विषय होते हैं। लड़की अगर संगीत प्रेमी है तो उसको 'रवींद्र संगीत' या नहीं, तो 'नजरुल गीति' गाने जरूर पड़ते हैं। कहने का तात्पर्य है जैसे साहित्य और संगीत की चर्चा होते ही गुरुदेव रवीन्द्रनाथ टैगोर का नाम स्वत : ही सामने आ जाता है। वैसे ही साहित्य में कई रचनाएँ इतनी चर्चित हुई है कि रचना या पात्र का नाम लेने से ही रचनाकार अप्रयत्क्ष रूप से मानस पटल पर छा जाता है। जैसे 'ईदगाह', 'बूढ़ी काकी' कहते ही प्रेमचंद याद आ जाते हैं या होरी या धनिया कहते कथा सम्राट का नाम जुबान पर आ ही जाता है। 'महेश' कहने पर आपके मानस पटल पर किस रचनाकार का नाम आया है? एक बार मंथन करें। हाँ, मैं तो रमानाथ राय की बातें कर रहा हूँ।

साहित्य में ऐसी बहुत-सी रचनाएँ हैं जो हमेशा से ही चर्चा की विषय रही हैं। जिस किसी भाषा की जो कृति श्रेष्ठ होती है उसका श्रेय उस भाषा के पाठकों को जाता है। जिनके माध्यम से कृति अपने लेखक का नाम उजागर करती है। जिससे पाठकों के बीच उस लेखक की अन्य कृतियों को पढ़ने की भूख बढ़ती है। फिर दूसरी भाषा के पाठक भी पढ़ने हेतु लालायित होने लगते हैं। तब उस कृति का

अनुवाद कार्य शुरू होने लगता है। ऐसे में एक अनुवादक का दायित्व बढ़ जाता है कि ऐसे उत्कृष्ट साहित्य का अन्य भाषा में अनुवाद कर सुधी पाठकों के मध्य पहुंचाए। दरअसल अनुवाद में भाषा परिवर्तित होती है, भावना और कथ्य मूल ही होते हैं। बहुत जिम्मेदारी होती है अनुवादक की, कि वह अनुवादित भाषा के ऐसे उपयुक्त शब्दों का प्रयोग करे जिससे मूल भाव में कोई बिखराव न आए। और फिर किसी भी अच्छे साहित्य का अनुवाद अपनी भाषा में पाना न केवल अधिकार बनता है बल्कि इसके फलस्वरूप साहित्य और भी समृद्ध होता है। रमानाथ राय की बात कही जाए तो यह कहना सही होगा कि बांग्ला साहित्यकारों की सूची में उनका नाम फैंटेसी किस्सागोई के कथाकार में एक मात्र होगा। ऐसा क्यों? इस प्रश्न के उत्तर में रमानाथ राय और उनके साहित्य के बारे में कुछ जरुरी बातें कही जा सकती हैं :

रमानाथ राय बांग्ला साहित्य में एक ऐसे साहित्यकार हैं जिनकी अद्भुत पहचान उनकी फैंटेसी किस्सागोई से है। इनकी कहानी में पात्र इस भाँति उलझे और परेशान नजर आते हैं जिनके माध्यम से इनके साहित्य में सामाजिक, राजनीतिक परिवेश की सटीक छवि दिखाई देने लगती है। रमानाथ राय अपने किस्सागोई के लिए बहुत ही नायाब और कौतूहलपूर्ण परिवेश का चुनाव करते हैं। जिसके लिए ये काफी बेचैन रहते हैं। रमानाथ राय की कहानियों में मनुष्य और उसके सपनों का अद्भुत मिलन दिखाई देता है। कहीं हक़ीकत की धरातल पर, तो कहीं फैंटेसी के रुप में। रमानाथ राय की कहानियों में जादू से भरा संसार होता है। मिथक, इतिहास, यथार्थ, फैंटेसी, सच्चाई, इन्द्रजाल आदि का अनूठा संगम ही इनकी कहानियों को रोचक और कौतुहलपूर्ण बना देता है। कल्पना और यथार्थ के अनूठे संगम से रमानाथ राय आज के सामाजिक परिप्रेक्ष्य में कथा को गढ़ते मिलते हैं। इसके उदाहरण में इनकी कई कहानियों के नाम लिखे जा सकते हैं। 'लौट आएँ महादेव' कहानी में रमानाथ राय के अद्भुत किस्सागोई का प्रयोग देखा जा सकता है। यह सही है कि हाथ से पानी का गिलास छूट जाए तो काँच का टूटना लाज़मी है। हम मनुष्यों का शरीर भी क़ाँच के समान ही है। एक बार कोई बहुत ऊँचाई से कूदे या गिर जाए तो उसका चकनाचूर हो जाना, यह पूरी सच्चाई है। मगर कोई धरती पर न गिरे तो? व्यक्ति शून्य में ही तैरता रहे तो? यह विज्ञान और अध्यात्म की बातें नहीं है। मगर यह सही है कि सामाजिक परिवेश में ऐसा होना, समाज में कौतुहल का विषय है और अचानक इस तरह के कौतुहल खड़ा कर देती हैं रमानाथ राय की कहानियाँ। जो तत्कालीन आधुनिक बांग्ला साहित्य के फैंटेसी किस्सागोई में एक अद्भुत व्यंग्य गल्पकार हैं। इनकी कहानियों को पढ़ते हुए इस कथन की प्रमाणिकता सिद्ध होती है।

वहीं एक बात और कही जा सकती है–रमानाथ राय के गल्प में कई नयी शैली का अद्भुत प्रयोग और उसका सफल प्रतिफल मिलता है। अर्थात कहा जा सकता हैं

कि इन्होंने बाँग्ला के गल्प और उपन्यास लेखन साहित्य में एक नए 'वाद' को जन्म दिया है। जिससे बाँग्ला साहित्य में ये 'अवास्तविकतावादी गल्पोकार' के रुप में जाने जाते हैं। रमानाथ राय की कहानियों के बारे में यह बात कही जा सकती है- बंगाल के कुम्हारटोली में बनने वाली मिट्टी की मूर्तियाँ (दुर्गा प्रतिमा) विश्वविख्यात हैं। रमानाथ राय ने अपनी किस्सागोई से एक अलग और नायाब कुम्हारटोली बना रखी है। इनकी बनाई मूर्ति मिट्टी, बाँस, पुआल की होकर भी बातें करती नजर आती हैं। आपकी आँखें उनकी बातें सुनती हुई झूठला नहीं सकती हैं। रमानाथ राय के साहित्य में जिस प्रकार की फैंटेसी किस्सागोई मिलती है वह मेरी नजरों में कथा लेखन की नयी परिभाषा सिखाती है। यही कारण है कि रमानाथ राय को हिंदी में आना चाहिए। अनुवादक का कार्य भाषा को परिवर्तित कर उसके भावों को रखना होता है। मैंने गल्प और आपके बीच एक कड़ी का काम किया है। पुल कह लें।

मैं रमानाथ राय की लगभग तीन सौ कहानियों से कुछ श्रेष्ठ कहानियों का एक संग्रह आपके हाथों में रख रहा हूँ। आगे मेरी कही बातों को परखने का दायित्व आप सब का है। रमानाथ राय की इन कहानियों को पढ़ने के बाद आप यह जान जाएंगे कि साहित्य के विकास में रमानाथ राय की फैंटेसी किस्सागोई कितनी प्रासंगिक है और उतना ही प्रासंगिक है रमानाथ राय का हिंदी में आना। संग्रह की कहानियाँ आपको पसंद आएँगी इसका मुझे अगाध विश्वास है। साथ ही यह भी विश्वास है कि संग्रह की कहानी पढ़ने के बाद, कहानी और उसके पात्र आपके लिए चर्चा का विषय होंगें।

अंत में, 'रमानाथ राय की सर्वश्रेष्ठ कहानियाँ' प्रकाशित करने के लिए मैं भारतीय ज्ञानपीठ का आभार ज्ञापित करता हूँ। साथ ही अपने मित्र और पाठकों का आभारी हूँ- जिनकी प्रेरणा अनुवाद के लिए मिलती रही है।

**—दिलीप कुमार शर्मा 'अज्ञात'**

छपरा सारण (बिहार)
दिनांक : 17 जुलाई, 2021

# अनुक्रम

# यह लो पारिजात

वे दोनों चलते हुए एक नदी किनारे जा पहुँचे। नदी का किनारा झाड़ियों से भरा था। झाड़ियों में तरह-तरह के फूल खिले थे। उसमें चिड़ियों के चहकने की आवाज़ें आ रही थीं। नदी के दूसरे किनारे पर जो पहाड़ दिखाई दे रहा था, वह भी जंगल से भरा था। वे दोनों चलते हुए एक पेड़ के नीचे जाकर बैठ गए। वहाँ बैठने के बाद लड़के ने अपनी जेब से एक सिगरेट निकाल कर सुलगाई।

सिगरेट पीता देख लड़की लड़के से बोली, ''सिगरेट मत पियो। इसे फेंक दो। यह आदत मुझे पसंद नहीं।''

''क्यों पसंद नहीं?''

''सिगरेट की गंध मुझसे बर्दाश्त नहीं होती है।''

लड़का गुस्से में सिगरेट कहीं दूर फेंक आया। सिगरेट फेंकने के बाद बोला, ''अब तो खुश हो ना! लो, मैंने सिगरेट फेंक दी।''

लड़की बोली, ''हाँ, अब मैं खुश हूँ।

कुछ देर बाद लड़के ने कहा, ''यह जगह बहुत ही निर्जन है और उतनी ही शांत है। यहाँ आने के बाद कितना अच्छा लग रहा है!''

लड़की बोली, ''इसके पहले मैं यहाँ कभी नहीं आई। यह कौन-सी जगह है?''

लड़के ने मज़ाक में कहा, ''वृंदा है।''

''वृंदा है।'' लड़की ने उसकी बात काटते हुए कहा, ''नहीं, यह सच नहीं है। इस जगह का नाम नंदनकानन है।''

''हो सकता है। तुम इस स्थान का जो भी नाम रख दोगी, यह स्थान वही हो जाएगा।''

''यह नदी कौन-सी है जो यहाँ बह रही है?''

लड़का कुछ सोचते हुए बोला, ''शायद यह यमुना नदी हो। यह नदी अलकनंदा भी हो सकती है। मैं इस नदी का नाम तुम्हारे लिए अलकनंदा रख रहा हूँ।''

"क्यों, यह नाम ही क्यों?"

"मेरी मर्जी। नाम में क्या रखा है? याद नहीं जूलियट ने रोमियो से क्या कहा था?"

"क्या कहा था?"

"गुलाब के फूल को जिस किसी भी नाम से बुला लो, वह अपनी सुगंध देने से नहीं कतराता। ऐसे ही इस नदी को जिस किसी भी नाम से बुला लो। इस नदी का नाम तुम चाहे जो भी रख दो, इसकी सुंदरता कम नहीं होगी।"

यह सुनकर लड़की को हँसी आ गई। हँसते हुए बोली, "इस जगह का नाम अगर नंदनकानन है, इस नदी का नाम अगर अलकनंदा है तो सामने दिखाई दे रहे उस पहाड़ का नाम क्या है?"

लड़का बोला, "उस पहाड़ का नाम हिमाद्रि हो सकता है या त्रिकुट भी हो सकता है, नहीं तो सुमेरु। इसमें से कोई भी नाम हो सकता है। बोलो, इसमें से तुम्हें कौन-सा नाम अधिक पसंद है?"

"सुमेरु।"

"तो समझ लो तुम्हारे लिए उस पहाड़ का नाम सुमेरु है।"

इसके बाद दोनों चुपचाप बहुत देर तक वहाँ बैठे रहे। उनके सामने से अलकनंदा नदी बहती हुई जा रही थी। वायु के झोंकों से रह-रहकर नदी की काया पर छोटी-बड़ी तरंगें उठ रही थीं। तरंग पर रह-रहकर सूरज की रोशनी ऐसी चमक रही थी, मानो वह भी इस नाम से बहुत खुश है। नदी की इसी ख़ुशी में अलकनंदा की काया पर कहीं से सुंदर-सा एक फूल तैरते हुए आता दिखाई दिया। लड़की फूल को आता देख बोली, "वह देखो। देख रहे हो, कितना सुंदर फूल नदी में तैरता हुआ आ रहा है।"

लड़का भी बोला, "हाँ। सच में ही वह फूल बहुत सुंदर है।"

"वह फूल कौन-सा है?"

"इस जगह का नाम अगर नंदनकानन हो सकता है। इस नदी का नाम अगर अलकनंदा है, और वह दूर का पहाड़ अगर सुमेरु है तो वह फूल पारिजात हो सकता है।"

लड़की बोली, "तो फिर वह पारिजात फूल मुझे चाहिए।"

"उसे लेकर तुम क्या करोगी?" लड़के ने लड़की से पूछा।

"मैं अपने जूड़े में लगाऊँगी।"

"मगर उस फूल का पौधा कहाँ मिलेगा? मैं तो यह भी नहीं जानता?"

"कहीं से भी ढूँढकर लाओ। मुझे वह फूल चाहिए।"

"कहाँ ढूँढूँ। कैसे ढूँढूँ?"

"यह मैं नहीं जानती। मुझे वह फूल चाहिए। तुम अगर मेरे लिए वह फूल नहीं लाओगे तो मैं समझूंगी कि..."

"क्या समझोगी?"

"यही कि तुम मुझसे प्रेम नहीं करते?"

"इसमें प्रेम करने और न करने की क्या बात है?" लड़का नाराज़ हो गया, "तुम मुझ पर अब भी संदेह कर रही हो?"

लड़की बोली, "मैं तुम पर संदेह नहीं कर रही, मगर मुझे वह फूल चाहिए।"

लड़का-लड़की की ज़िद पर चुप हो गया। फिर वह सोचने लगा, "उस फूल को पाने के लिए क्या किया जा सकता है। किस तरह उस फूल का प्रबंध हो सकता है?" उसी समय लड़के को एक माझी आता दिखाई दिया। माझी नाव खेते हुए उधर ही आ रहा था। लड़का माझी को आवाज़ लगा किनारे बुलाने लगा, "ज़रा सुनो, ऐ माझी भाई! ज़रा इधर आओ।"

माझी ने वहीं से पूछा, "कहो क्या बात है? किसलिए बुला रहे हो?"

"ज़रा यहाँ आओ तो सही।"

"क्यों?"

"तुमसे कुछ बात करनी है।"

माझी अपनी नाव किनारे ले आया।

लड़का किनारे पर जाकर बोला, "तुम यहाँ के हो? यहीं रहते हो न?"

माझी ने उत्तर में 'हाँ' कहा।

"तुम्हारा नाम क्या है?"

"कृष्ण।"

"कृष्ण क्या?"

"बस कृष्ण ही मेरा नाम है।"

"मैं तुमसे कुछ जानना चाहता हूँ।"

"क्या जानना चाहते हो?"

"कुछ देर पहले एक सुंदर-सा फूल इस नदी में तैरते हुए गया है। उस फूल का नाम क्या पारिजात है?"

"हाँ, उस फूल का नाम पारिजात ही है।"

"वह फूल मुझे कहाँ मिल सकता है?"

"उस सामने के पहाड़ पर।"

"मुझको उस पहाड़ पर लेकर चलोगे?"

"नहीं।"

"क्यों नहीं?"

''पहाड़ पर कोई इन्सान नहीं जा सकता। वहाँ बहुत घना जंगल है।''

''तब वह फूल मुझे कैसे मिलेगा? वह पारिजात फूल तो मुझको चाहिए ही।''

''आप चिंता न करें। एक दिन मैं स्वयं वह फूल लाकर आपके हाथ में रख दूंगा।''

''मगर कब?''

माझी प्रश्न का उत्तर दिए बिना अपनी नाव खेता हुआ वहाँ से चला गया।

उसको लड़का जाता हुआ देखकर मन में ही बुदबुदाया, ''अजीब आदमी है!'' फिर वह लड़का लड़की के पास आकर पहले की तरह ही बैठ गया और कहने लगा, ''मैंने उस माझी से बात कर ली है, तुमने सुना क्या?''

लड़की बोली, ''हाँ, 'मैंने सब बातें सुनी हैं।''

लड़के ने कहा, ''मैं अभी अपनी कोशिश से हारा नहीं हूँ। एक दिन मैं फिर यहाँ आऊँगा। तुम मेरे साथ यहाँ आना चाहोगी?''

लड़की बोली, ''हाँ, मैं भी तुम्हारे साथ आऊँगी।''

उसके बाद कुछ वर्ष बीत गए। इस बीच उन्होंने शादी कर ली। उनका एक बेटा हो गया। अब ये लोग एक बच्चे के माता-पिता हैं। पिता रोज ऑफ़िस जाते हैं। माँ घर सँभालती है। बेटे को रोज शाम के समय पढ़ने बैठाती है। बेटे की उम्र इस समय दस वर्ष की है।

एक दिन शाम के समय बेटा पढ़ रहा था, मगर पढ़ने में उसका मन नहीं लग रहा था। रह-रहकर उसका ध्यान पढ़ाई से दूर जा रहा था।

माँ ने पूछा, ''तुझे आज हुआ क्या है? मन लगाकर पढ़ क्यों नहीं रहा है?''

बेटा बोला, ''आज पढ़ने का मन नहीं कर रहा है। माँ, कोई कहानी सुनाओ न! मेरा कहानी सुनने का मन कर रहा है।''

माँ ने कहा, ''मैं कोई कहानी नहीं जानती, मगर एक जगह के बारे में जानती हूँ।''

बेटा उत्सुकता से बोला, ''किस जगह के बारे में जानती हो? क्या अमेरिका के बारे में?''

''नहीं।''

''तो फिर?''

''वह एक बहुत सुंदर और अद्‌भुत जगह है।''

''कहाँ है?''

''अपने भारत में ही।''

''तुम वहाँ गई हो क्या?''

''हाँ, हम लोग वहाँ गए थे।''

"हम लोग मतलब?"

"मैं तेरे पिता के साथ वहाँ गई थी।"

"वहाँ क्या है?"

"चारों तरफ़ तरह-तरह के छोटे बड़े पेड़-पौधे हैं, जिनमें सुंदर-सुंदर फूल खिलते हैं। वहाँ तरह-तरह की चिड़ियाँ हर समय चहचहाती रहती हैं। उस जगह का नाम नंदनकानन है। वहाँ एक नदी बहती है। उस नदी का नाम अलकनंदा है। नदी के उस पार एक पहाड़ है। उस पहाड़ का नाम सुमेरु है। मैं और तेरे पापा उस नदी के किनारे बहुत देर तक बैठे रहे थे। बैठे हुए अचानक देखा कि एक फूल नदी में तैरता हुआ कहीं से आ रहा है। वह बहुत ही सुंदर फूल था। उस पारिजात फूल को कोई भी देखे तो उस पर मोहित हो जाए। उस फूल को पाने की मेरे मन में बहुत चाहत थी। हम नहीं जानते थे, वह फूल मिलता कहाँ है। उसी समय एक माझी अपनी नाव खेता हुआ आया। उस माझी का नाम कृष्ण था। उस कृष्ण माझी से ही हम यह जान पाए कि उस पार के पहाड़ पर ही वह पारिजात फूल मिलता है। तेरे पिता उस पहाड़ पर जाने के लिए तैयार हो गए। मगर कृष्ण उन्हें लेकर उस पहाड़ पर गया नहीं। कहा कि उस पहाड़ पर कोई जा नहीं सकता। कृष्ण माझी ने तेरे पापा से यह वादा किया था कि ठीक समय पर वह उन्हें पारिजात फूल लाकर दे देगा। मगर वह कब लाकर देगा? यह बताए बिना वह अपनी नाव लेकर चला गया। हम लोगों की इच्छा है, एक बार फिर से वहाँ जाएँ।"

यह सुनकर बेटा बोला, "माँ, मैं भी वहाँ जाऊँगा।"

"अभी तू वहाँ नहीं जा सकता। पहले पढ़-लिखकर बड़ा तो हो जा, फिर वहाँ जाना।"

"बड़ा हो जाने के बाद मुझे वहाँ लेकर जाओगी तो?"

"हाँ, लेकर जाऊँगी।"

इसी समय डोरबेल की घंटी बज उठी। माँ ने जाकर दरवाजा खोला। पिता घर के अंदर आए। पिता को देखते ही बेटे ने कहा, "पापा, आप लोग एक सुंदर जगह घूमने गए थे? वह जगह बहुत अद्‌भुत है? क्या यह सच है पापा?"

पिता हँसते हुए बोले, "हाँ, यह सच है।"

"उस जगह का नाम नंदनकानन है?"

"हाँ।"

"उस नदी का नाम अलकनंदा है?"

"हाँ।"

"और उस नदी के पास सुमेरु पहाड़ है?"

"हाँ।"

''उस पहाड़ पर क्या है?''

''वहाँ पारिजात फूल खिलता है।''

''और क्या है वहाँ पर?''

''मैं नहीं जानता।''

''मुझे भी वहाँ जाना है।''

''पहले बड़ा तो हो जा, फिर जाना।''

''मैं बड़ा कब होऊँगा?''

पिता हँसते हुए बोले, ''होगा। देखना एक दिन बड़ा हो जाएगा।''

फिर माँ बोली, ''कितने वर्ष हो गए। हमारी उम्र भी हो गई है, ''मगर वह कृष्ण माझी अभी तक हमें वह पारिजात फूल नहीं दे गया! पता नहीं, वह कब देगा?''

''हमें एक बार वहाँ जाना चाहिए।''

''मगर क्या, वहाँ कृष्ण माझी के साथ हमारी मुलाक़ात हो पाएगी?''

''ज़रूर होगी। मन में विश्वास होना चाहिए।''

देखते-देखते लड़का बड़ा हो गया। नौकरी मिलने के बाद वह बेंगलुरु चला गया। वहाँ उसने अपनी पसंद की लड़की से शादी कर ली। शादी के कुछ दिनों बाद वह अपनी पत्नी को साथ लेकर अमेरिका चला गया। अमेरिका पहुँचकर भी वह अपने माता और पिता को नहीं भूला। अक्सर वहाँ से फ़ोन करता और इनका समाचार लेता रहता।

एक दिन शाम के समय बेटे का फ़ोन आया। माँ बात-ही-बात में अपने बेटे से कहने लगी, ''तुझे एक दिन मैंने नंदनकानन के बारे में बताया था, याद है?''

बेटा बोला, ''हाँ, याद है।''

''वहाँ जाने का तेरा मन नहीं करता?''

''नहीं।''

''क्यों?''

''वह सब तुम लोगों की कथा-कहानी है।''

''नहीं रे, वह कहानी नहीं है। सच्ची बातें हैं। हम सभी लोग फिर से एक दिन वहाँ जाएँगे। क्या तू हम लोगों के साथ वहाँ नहीं जाएगा?''

''माँ, छोड़िए वह सब बातें। आप लोग मेरे यहाँ आ जाइए। अमेरिका आने के बाद आप लोगों का वह नंदनकानन छूमंतर हो जाएगा।''

''ऐसा नहीं कहते बेटा!''

''तब तुम लोग अपना नंदनकानन लेकर वहीं पड़े रहो। मैं नहीं जानता!''

''हाँ, हम उसके लिए ही यहाँ पड़े रहेंगे।''

बेटा अपनी आवाज़ में नरमी लाकर बोला, "माँ, गुस्सा हो गई क्या?"

"नहीं बेटा! मैं गुस्सा नहीं हूँ। मैं भगवान् से प्रार्थना करती हूँ कि तुम लोग जहाँ रहो, सुख से रहो। वह जगह तुम लोगों का नंदनकानन बनकर उभरे।" इतना कहने के बाद माँ ने फ़ोन काट दिया।

माँ को अपने बेटे पर गर्व है। बेटा इन लोगों के नंदनकानन पर विश्वास नहीं कर रहा, मगर एक दिन अपने बचपन में उसने नंदनकानन की बात का विश्वास किया था। आज उसे क्या हो गया है? क्यों वह नंदनकानन की बातों का विश्वास नहीं कर रहा। कहता है,'यह सब कहानी की बातें हैं।' बहुत पढ़-लिख गया है। अधिक पढ़-लिख लेने के कारण ही उसके मन में अविश्वास पैदा हो गया है। इतना अविश्वास लेकर वह कैसे जिएगा? यह सब सोचकर माँ मन-ही-मन भगवान् से प्रार्थना करते हुए बोली, 'हे भगवान् मेरे बेटे को सद्‌बुद्धि देना!'

उसी समय डोरबेल की घंटी बज उठी। पिता ऑफ़िस से घर लौट आए। वह अंदर आते ही बोले, "अब बस! एक महीना रह गया है।"

माँ कुछ समझ नहीं पाई। जानने के लिए बोली, "किस बात के लिए एक महीना रह गया है?"

"मेरे नौकरी से रिटायर होने में बस अब एक महीना शेष है। उसके बाद छुट्टी-ही-छुट्टी है। अब और नौकरी करना मुझे अच्छा नहीं लग रहा है।"

माँ खुश होकर बोली, "अच्छा ही है। अब हम लोग नंदनकानन जा सकते हैं।"

पिता बोले, "ठीक कह रही हो। हम लोग फिर से नंदनकानन जा सकते हैं । एक सपने की तरह कितनी सुंदर जगह है वह। मगर जाने से पहले..."

माँ चिंतित होकर बोली, "मगर जाने से पहले क्या?"

"सारी चीज़ों का उचित प्रबंध कर लेना बहुत ज़रूरी है।"

"सारी चीज़ों का मतलब?"

"मैं रुपए-पैसे की बात कर रहा हूँ।"

"जो भी करना है, करो, मगर जाने के लिए देरी न करो।"

एक महीने के बाद पिता नौकरी से रिटायर हो गए। ग्रेच्युटी के रुपए मिले। उसी तरह प्रोविडेंट फंड के रुपए भी मिले। इसके अलावा हर महीने पेंशन तो मिलेगी ही। इसलिए अब जीवन के अंतिम दिनों तक रुपए के अभाव में नहीं रहना पड़ेगा। मगर चिंता का विषय था कि इतने सारे रुपए रखे जाएँ कैसे। कोई रुपए बैंक में ही रखने की सलाह दे रहा था तो किसी का कहना था-सारे रुपए एक साथ बैंक में रखना सही नहीं होगा। उसमें से कुछ रुपए पोस्ट ऑफ़िस में रखना सही होगा। कोई-कोई शेयर मार्केट में भी पैसा लगाने की सलाह दे रहा था। शेयर मार्केट में कई

बार रुपए लगाते रहने के बाद पिता को अब उसमें रुपए लगाना अच्छा नहीं लगता। इसलिए बहुत सोच-विचार के बाद पिता ने कुछ रुपए पोस्ट ऑफ़िस में रख दिए। पोस्ट ऑफ़िस में रखने के बाद बाक़ी बचे रुपयों को दूसरे बैंकों में रख दिया। कुछ रुपए उन्होंने अपने बचत खाते में वैसे ही रख देना उचित समझा; और बचे हुए कुछ रुपए का फिक्स-डिपॉजिट कर दिया।

माँ ने कहा, ''बैंक में अधिक रुपए मत रखिए।''

पिता ने पूछा, ''क्यों?''

''इनकम टैक्स के लोग उस पर अपना मुँह बाए हुए हैं। कब धर-पकड़ कर लें, यह कहा नहीं जा सकता।''

''इसके लिए डरने की कोई बात नहीं है। मैंने जीवन में कभी इनकम टैक्स चोरी नहीं किया। सरकार से चोरी, कभी नहीं। सरकार को जो चाहिए, उसे तो मैं दूंगा ही। इसके साथ ही तुम्हें जो भी मिलने का अधिकार है, वह मैं तुम्हें दूँगा। मेरे मरने के बाद तुम्हें कोई परेशानी नहीं होगी, इसकी पूरी व्यवस्था मैंने कर दी है।''

''अभी से ही मरने की बात क्यों कर रहे हो?''

''एक दिन तो मरना ही पड़ेगा।''

''अभी तो नहीं मर रहे हो, फिर ऐसी बातें क्यों?''

''मौत के बारे में कुछ कहा नहीं जा सकता। मैं आज भी मर सकता हूँ, नहीं तो दस वर्ष बाद भी मर सकता हूँ।''

''तुमसे पहले मुझे मरना है। मेरी तबीयत इन दिनों सही नहीं चल रही है।''

''मेरी तबीयत भी सही नहीं चल रही है।''

माँ ने चिंता से बेचैन होकर पूछा, ''क्यों, क्या हुआ है आपको?''

पिता उदास होकर बोले, ''रह-रहकर अक्सर ही मेरे सिर में बहुत दर्द होता रहता है। पता नहीं यह दर्द मुझे किस परेशानी के कारण हो रहा है। मैं नहीं जानता।''

यह सुनते ही माँ का चेहरा दुःख से भर उठा। वह चिंतित होकर बोली, ''तो कल ही जाकर किसी अच्छे डॉक्टर को दिखा लो।''

''हाँ, डॉक्टर को दिखा लूँगा, मगर उसके पहले नंदनकानन घूमकर आना बहुत ज़रूरी है। अब भी रह-रहकर मेरी नज़रों के सामने वह जंगल-झाड़ी और वह पहाड़ तैरने लगता है। वह नदी मेरी आँख के सामने बहती हुई दिखाई देने लगती है। कृष्ण माझी की याद आने लगती है। अब तक वह हमें पारिजात फूल लाकर नहीं दे गया। देने का वादा किया था, पता नहीं वह कब देगा? लगता है, कृष्ण माझी अपना वादा भूल गया। इधर मेरी उम्र भी बढ़ने लगी है। आखिर कब मिलेगा वह पारिजात फूल? नहीं मिला तो जीवन में इसका अफ़सोस रह जाएगा कि मैं तुम्हें वह पारिजात

फूल लाकर नहीं दे सका।''

माँ बोली, ''मुझे अब पारिजात फूल की कोई जरूरत नहीं है।''

पिता ने पूछा, ''क्यों ज़रूरत नहीं है?''

माँ ने कहा, ''मेरे सिर के बाल अब जूड़ा बाँधने लायक नहीं हैं।''

पिता बोले, ''नहीं हैं तो क्या हुआ, मैं तुम्हें वह पारिजात फूल लाकर ज़रूर दूँगा। यह मेरा सपना है।''

''तो फिर चलो, हम वहाँ चलते हैं।''

''मगर नंदनकानन अब तक होगा क्या? अगर हो तो अलकनंदा नदी अब भी बहती होगी क्या! कृष्ण माझी अपनी नाव लेकर जाता होगा? अगर कृष्ण माझी जाता होगा तो क्या सुमेरु पहाड़ पर अभी भी वह पारिजात फूल खिलता होगा? मैं नहीं जानता। यह सब कुछ मेरे सामने सपने-जैसा है।''

''अगर यह बात है तो अब वहाँ जाने की कोई ज़रूरत नहीं है।'' जितने दिन हम जीवित हैं, उतने दिन यहीं रहकर अपना जीवन सुख-शांति से काट लेते हैं।

''मगर उस नंदनकानन की बातें मैं भूल नहीं पा रहा हूँ। जैसे भी हो, वहाँ हम लोगों को एक बार जरूर जाना चाहिए।''

माँ कुछ बोली नही। वह चुप रह गई। जाना है, यह सोचकर ही कहीं जाया नहीं जा सकता है। आहिस्ता-आहिस्ता दोनों बूढ़े होने लगे हैं। एक दिन बुढ़िया गुस्साते हुए बोली, अब कब जाओगे नंदनकानन? अब तो हम लोग बहुत कमजोर हो गए हैं।''

बूढ़ा बोला, ''हम अब ज़रूर जाएंगे। चलो, कल ही वहाँ चलते हैं। तुम चल सकोगी न?''

बुढ़िया ने कहा, ''हाँ, मैं चल सकती हूँ।''

पहले की तरह अब दोनों में वह गति नहीं है। अपना कमजोर शरीर लिए वे लोग बहुत ही कठिनाई से नंदनकानन पहुँचे। मगर यह क्या। वे पेड़-पौधे अब नहीं हैं। पता नहीं किसने काट दिए। वह नदी भी अब नहीं बह रही। नदी का पानी तकरीबन सूख गया है। नदी में कहीं भी वह पारिजात फूल तैर कर नहीं जा सकता। उस तरफ़ के पहाड़ पर अब वह सौंदर्य भी नहीं है। उस पहाड़ पर चारों तरफ़ लोगों की आवाजाही है। ऐसा लग रहा है दूर कहीं एक विशाल कारखाना बन गया है। वह कारखाना कैसा है? एक आदमी इसी समय सामने से आता हुआ दिखाई दिया। उसे देख, वहाँ खड़ा बूढ़ा ने उसको रोककर पूछा, ''एक बात आपसे मैं जानना चाह रहा हूँ।''

उस आदमी ने कहा, ''कहिए, क्या जानना चाहते हैं?''

''क्या आप उस कारखाने में काम करते हैं?''

“हाँ, मैं उस कारख़ाने में काम करता हूँ।”

“हम लोग बहुत साल पहले यहाँ घूमने आए थे। उस समय यहाँ चारों तरफ़ हरियाली ही हरियाली थी। तब यह नदी कितनी सुंदर लगा करती थी। वह पहाड़ देखने में बहुत सुंदर था। वह सब हरियाली, वह पेड़-पौधे, वह नदी, वह पहाड़... आखि़र ऐसे क्यों हो गया?”

वह आदमी हँसते हुए बोला, “यहाँ लोहे का एक बहुत बड़ा कारख़ाना बनने वाला है, इसलिए इन जगहों को काटकर बराबर किया गया है। इस नदी के ऊपर एक बड़ा पुल बनने वाला है। उस पहाड़ पर लोगों के रहने के लिए घर और बहुत बड़ा होटल बनने वाला है। इसलिए पहाड़ को डाइनामाइट से तोड़ा गया है, जिससे सुंदर रास्ता बनाया जा सके।”

“यह सब कौन बना रहा है?”

“कोई बहुत बड़ी नामी-गिरामी विदेश की कंपनी है। मैं उसका नाम नहीं जानता।”

“ओह!” कहने के बाद वह बूढ़ा आदमी वहीं ज़मीन पर बैठ गया।

बुढ़िया भी बूढ़े आदमी के पास आकर बैठ गई। उसके जाने के बाद बुढ़िया बोली, अचानक यहाँ पर लोहे का कारखाना क्यों बन रहा है?”

बूढ़े ने कहा, “लगता है, इस धरती के नीचे बहुत ही लोहा है।”

“तो इसलिए यह सब नाटक हो रहा है।”

“हाँ, उसी के लिए ही यह सब नाटक हो रहा है।”

“यहाँ आकर मन बहुत उदास हो गया। यहाँ न आते तो ही अच्छा होता।”

“मुझे भी ऐसा ही लग रहा है।” बूढ़ा आदमी कुछ देर चुप रहने के बाद फिर बोला, “मगर मैं कुछ और ही सोच रहा हूँ।”

बुढ़िया ने पूछा, “क्या सोच रहे हैं?”

“कृष्ण माझी ने कहा था कि वह मुझे एक दिन पारिजात फूल लाकर देगा। वह फूल मुझे कैसे मिलेगा?”

बुढ़िया ने कहा, “अब मुझे पारिजात फूल की कोई जरूरत नहीं है। चलो, घर चलते हैं।”

“मगर मैंने तुमसे जो वादा किया था, उसका क्या होगा?”

बुढ़िया यह सुनकर कुछ नहीं बोली। चुप रह गई। बूढ़ा भी चुप हो गया। इसके कुछ देर बाद दोनों वहाँ से जाने के लिए उठ खड़े हुए। अंतिम बार इस जगह को देखने के लिए बूढ़े ने चारों ओर अपनी नजरें घुमाई। यह देख बुढ़िया की आँखों में आँसू आ गए।

घर लौटकर दोनों बूढ़ा-बूढ़ी सो गए। बिस्तर के पास ही एक छोटी-सी टेबल

रखी थी। उस टेबल पर टेलीफ़ोन है। बुढ़िया बोली, ''बेटे को एक बार फ़ोन कर लीजिए।''

बूढ़े ने कहा, ''नहीं, मुझे अब किसी की कोई ज़रूरत नहीं है। ज़रूरत मुझे सिर्फ एक इन्सान की ही है।''

''किस इन्सान की?''

''कृष्ण माझी की।''

''वह तुम्हें अब कहाँ मिलनेवाला है?''

''यहीं मिलेगा। मुझे उस पर पूरा विश्वास है। वह कभी झूठ नहीं कह सकता। मगर वह कब आएगा? अब सहन नहीं हो रहा है। धीरे-धीरे मैं अब समाप्त होता जा रहा हूँ।''

''तुम्हें जब उस पर इतना विश्वास है तो एक दिन वह ज़रूर तुम्हारे पास आएगा। मगर अभी तो सो जाओ।''

दो दिन बाद अचानक बूढ़े के सिर में भयानक दर्द शुरू हुआ। बुढ़िया ने पूछा, ''डॉक्टर को बुलाऊँ?''

''नहीं, इसकी कोई जरूरत नहीं है।''

''ज़रूरत क्यों नहीं है?''

''मैं तुम्हारे सामने ऐसे ही मरना चाहता हूँ। मुझे लेकर दौड़-धूप करने से मेरे कष्ट और बढ़ जाएँगे। मुझे अब कुछ अच्छा नहीं लग रहा।'' इतना कहने के बाद बूढ़ा आदमी सब कुछ भूलने लगा। मानो वह मतवाला होकर किसी ऐसे नशे में चला गया, जहाँ उसे दिखाई दे रहा है-अलकनंदा का वह कृष्ण माझी मुस्कुराते हुए उसके सामने आकर खड़ा हो गया। उसके हाथ में वही पारिजात फूल है।

कृष्ण माझी बूढ़े की तरफ़ पारिजात फूल बढ़ाते हुए कहता है, ''यह लो अपना पारिजात फूल। तुमने मुझसे यह फूल माँगा था न! देखो मैं तुम्हारे लिए पारिजात फूल लेकर आया हूँ।''

बूढ़ा आदमी बहुत ही कष्ट से उस पारिजात फूल को अपनी बूढ़ी पत्नी के हाथ में पकड़ाता हुआ कहता है, ''यह लो अपना पारिजात फूल। इसे तुम अपने जूड़े में लगा लो। तुम बहुत सुंदर लगने लगोगी।''

मगर बूढ़े आदमी के गले से कोई स्वर नहीं निकलता। उसके दोनों होंठ कई बार काँपने के बाद स्थिर हो गए।

❑

# कालू की नानी

तीन कुचे ज़मीन पर दो मंज़िलें का मकान है। मकान में पूरे दस कमरे हैं। पाँच कमरे नीचे और पाँच कमरे ऊपर हैं। ऊपर का मकान हर समय बंद ही रहता है। नानी एक तल्ले के एक कमरे में रहती है। उसके बगल वाले कमरे में उनका नाती रहता है। कालू के माता-पिता जीवित नहीं हैं। बचपन से ही कालू अपनी नानी के साथ रहते हुए बड़ा हुआ है। एक महीना हुआ उसके नाना को मरे हुए। मरने के पहले वे यह मकान अपने लड़के को दान कर गए हैं। इसलिए इस मकान में उसे ही नहीं नानी को भी रहने का कोई अधिकार नहीं है। इसके लिए कालू को बीच-बीच में दुखी होना पड़ता है। बीच-बीच में सोचता है नानी को रहने के लिए एक कमरे का घर दे जाने से नाना का क्या नुकसान होता। हो सकता है, नहीं देने का कोई कारण रहा हो। कारण क्या हो सकता है, कालू नहीं जानता। मगर इतना जानता है, उसके मामा अच्छे आदमी नहीं हैं। मामा मुम्बई में रहते हैं। वहीं शादी-ब्याह कर लिए हैं। बहुत अच्छी नौकरी करते हैं। मगर अपने माता-पिता के प्रति उनका कोई खिंचाव नहीं है। अगर ऐसा होता तो अपने पिता के मरने पर वे ज़रुर आते। जानकारी मिलने पर भी वह नहीं आए। श्राद्ध में आए थे लोगों को दिखाने के लिए। अपना सिर भी नहीं मुड़वाया। मामा के लिए यह सब बेकार का संस्कार है, इससे कुछ होता नहीं है। नानी इससे बहुत गुस्सा हो गई थी। मामा को बहुत डाँटी भी। मगर मामा पर उसका कोई असर नहीं हुआ। नानी की उम्र इस समय अस्सी की है। आवाज़ में अब उसकी पहले जैसी ताकत नहीं है। कौन उनकी बातें सुनेगा? इतना ही नहीं, यहाँ से जाते हुए नानी से कह गया, माँ, बाबूजी अब नहीं रहे। मुझे नहीं लगता, अब इस मकान को रखना जरूरी है। तुम क्या कहती हो? बेच देना अच्छा होगा। तब पति के छोड़ कर जाने का घाव ताज़ा था, मन की अवस्था अच्छी नहीं थी। इसलिए बेटे की इस बात से क्रोधित हो कर कही थी, तू कैसा है रे? तू मनुष्य नहीं है क्या? बाप के मरते न मरते मकान को बेच देने के बारे में सोचने लगा है? उत्तर में मामा ने कुछ नहीं कहा। उसके बाद संग ही संग प्लेन से मुम्बई चले गए।

नानी सोई रहती है, तो कभी बैठी रहती है। बीच-बीच में टीवी देखती है। घर

से बाहर जा नहीं सकती है। गठिया के दर्द से बेहाल है, झुक-झुक कर चलती है। कालू ने बहुत बार कहा, नानी किसी काम वाली को अपने साथ रख लो। मैं उसे पैसा दूँगा। नानी नहीं मानी। खुद ही अपनी क्षमतानुसार भोजन पकाती है। कहती है, अगर इतना भी नहीं करुँगी तो लोथ हो कर बैठ जाउँगी। कालू उसके इस उत्तर को लेकर कोई तर्क नहीं करता है। अपने ही मन में कहता है, नानी और कितने दिन जीवित रहेगी? जितने दिन और जीवित रहेगी, उतने दिन वैसे ही खुशी से जीवित रहे। जब एक दिन अक्षम हो जाएगी, तब किसी काम वाली को रखना ही पड़ेगा। उसे बस एक बात की ही चिंता है। नानी मर गई तो उसका क्या होगा? इस घर में तब उसका रहना नहीं होगा। मगर जब तक उसकी नानी जीवित है, इसकी चिंता नहीं है। हो सकता है उसका मामा उसे इस घर से नहीं निकालेगा। कारण कि नानी की देख-रेख के लिए इस घर में किसी एक आदमी की जरूरत है। कालू ही वह आदमी है जिस पर भरोसा किया जा सकता है। मगर समस्या इस घर को लेकर है। मामा ने जब इस मकान को बेचने के लिए सोच लिया है, तब तो इसे बेचकर ही दम लेंगे। कोई इसका विरोध नहीं कर सकता है। मगर नानी के मरने तक मामा ज़रुर इंतजार करेंगे। अगर इंतजार करना नहीं चाहें तो मकान बेचकर नानी को अपने साथ मुम्बई ले जाना चाहेंगे। तब नानी क्या करेगी? अपने बेटे के साथ चली जाएगी? कालू का कपाल इन सब चिंताओं से सिकुड़ने लगा।

एक दिन कालू अपनी नानी से पूछ ही बैठा, 'नानी एक बात पूछूँ?'

नानी ने जानना चाहा, 'कह क्या पूछना चाहता है?'

'अगर मामा जी मकान बेचकर तुम्हें अपने साथ लेकर चले गए। तब मैं कहाँ रहूँगा?'

''मैं यह मकान छोड़कर कहीं नहीं जाउँगी। मैं इस मकान में ही मरुँगी।''

'आप के मरने के बाद मेरा क्या होगा?'

''क्या होगा? तू तो नौकरी करता ही है। किसी फ्लैट को किराए में लेकर उसमें चले जाना।''

'हाँ, जा ही सकता हूँ। एक दिन जाना ही होगा। मगर मैं तो अभी-अभी नौकरी में गया हूँ। जितनी तनख्वाह मिलती है, उतने में अभी किसी फ्लैट में जाकर रहना संभव नहीं है।''

''तू इतनी चिंता क्यों करता है? मैं अभी तो नहीं मर रही हूँ।''

''मैं तुम्हारे मरने की बात नहीं सोच रहा हूँ। मेरा कहना है।''

'क्या कहना है?'

''अपने जीवित रहते-रहते मामाजी से कह कर यहाँ पर किसी तरह रहने की व्यवस्था करवा लो।''

'कैसी व्यवस्था करने को कहूँ?'

'अगर यहाँ फ्लैट बनाने की कोई योजना है तो दो कमरे का एक फ्लैट आप के नाम से कर दें।''

'हाँ, मैं ऐसा कह सकती हूँ। मगर तेरा मामा मेरी बात सुनेगा तब न। वह मेरी कोई बात नहीं मानेगा। इसलिए कि इस घर में मेरा किसी तरह का कोई अधिकार नहीं है। इस मकान का मालिक तेरा मामा है। मैं इस घर की कोई नहीं हूँ। तेरे नाना ही ऐसा कर गए हैं। अब मैं उससे क्या बोलूँ?'

'नाना जी ने ऐसा क्यों किया?'

''इसका कारण तू है।''

यह सुनकर कालू चकित होकर कहता है, 'मैं?'

'हाँ, तू है। मैं यह ठीक से नहीं जानती। मुझसे पूछ कर तेरे नाना ने यह काम नहीं किया है। सारा काम मुझसे गुप्त रख कर किया गया है। तेरे नाना का सोचना था, अगर मुझे इस मकान में हिस्सा दिया गया तो मैं अपने हिस्से को तुझे दे दूँगी। हो सकता है, तेरे नाना नहीं चाहते थे कि तेरी माँ के वंश को इस मकान से कोई हिस्सा मिले।''

''मगर नाना जी को मेरी तरफ से कोई कम सेवा नहीं मिली है। नाना की बीमारी में मामा जी को सूचना मिलने पर भी वह नहीं आए। डॉक्टर को दिखाने से लेकर उनका सारा काम मुझे ही तो करना पड़ता था।''

नानी कहती है, 'तेरे नाना के घर के लोगों का स्वभाव ऐसा ही है। अपनी बेटी को कुछ नहीं देंगे। इसमें मैं क्या कर सकती हूँ?' इतना कह कर कुछ देर रुकने के बाद नानी फिर कहती है, ''तेरे नाना ने मुझे रास्ते पर लाकर रख छोड़ा है।''

इतना सुनकर कालू कुछ देर चुप रह जाता है। फिर उसके बाद कहता है, ''नाना जी जैसे लोगों का यह अद्‌भुत स्वभाव है। ये लोग अपनी बेटियों से सेवा-जतन लेते हैं और अपनी धन-सम्पत्ति अपने बेटों को ही दे कर जाते हैं।''

नानी उसकी बातें मन लगाकर सुन रही थी। मगर कुछ कहती नहीं है। बिना कुछ कहे अपनी आँखों को अपने आँचल से पोछने लगती है।

एक दिन अचानक मामा जी फोन करते हैं। उस समय कालू घर में नहीं था। फोन नानी उठाती है। उसके बाद माँ और बेटे में इस तरह की बातें होती है :

'हैलो।''

''मैं खोखा (बांग्ला में अपने बेटे को कहने का एक दुलार का नाम) बोल रहा हूँ।''

''हाँ, कह।''

''मैं कह रहा हूँ कि तुम मेरे पास चली आओ।''

''मैं कहीं नहीं जाउँगी। कहीं जाने की क्षमता मुझमें नहीं है।''

''मैं तुम्हें अपने साथ लेकर आउँगा। मेरे यहाँ तुम्हें कोई कष्ट नहीं होगा।''

''हाँ, हो सकता है, तेरे यहाँ मुझे कोई कष्ट न हो, मगर मैं यह घर छोड़कर कहीं नहीं जाउँगी। मैं अपना अंतिम जीवन यहाँ बिताना चाहती हूँ।''

'क्यों? ऐसा क्या है उस घर में?'

''यहाँ तेरे पिता की यादें हैं। मैं उन यादों को लेकर ही इस घर में जीवित हूँ। मेरे लिए घर छोड़कर जाना संभव नहीं है।''

''तुम्हारे इस आवेग का कोई तुक नहीं है। मैं मकान बेचना चाहता हूँ। तुम मुझे इसमें बाधा नहीं दो। तुम मेरे यहाँ चली आओ। अगर मेरे यहाँ आना नहीं चाहती हो तो मत आओ, मैं तुम्हारे लिए वृद्धाश्रम में रहने की व्यवस्था करवा दूँगा।''

'कालू का क्या होगा?'

''कालू कहीं और चला जाएगा।''

'कहाँ?'

''यह तय करना मेरा काम नहीं है।''

''कालू तेरा इकलौता भगिना है। तू उसके बारे में ऐसी बातें कह रहा है।''

''हाँ कह रहा हूँ। बहुत बाध्य होकर कह रहा हूँ। इतने दिन तक तो हम लोगों ने उसकी देख-रेख की और कितने दिन तक उसका बोझ सहेंगे?'

''छिः तू यह क्या कह रहा है। सारा जीवन मैंने ही तो उसे देखा है। तूझे तो कभी उसके लिए कुछ करना नहीं पड़ा है। तू यह जान ले मैं जितने दिन जीवित रहूँगी कालू को अपने साथ ही रखूँगी।''

''तुम उसे अपने साथ रखना चाहती हो तो रखो मगर मैं तो मकान बेचकर ही रहूँगा। मकान की बातचीत चल रही है। मकान बिक जाने पर तुम्हें रास्ते पर हो जाना पड़ेगा। तब तुम मुझे किसी तरह का दोष नहीं देना।''

''ठीक है, तुझे मैं कोई दोष नहीं दूँगी। दोष अगर मैं किसी को दूँगी तो अपने भाग्य को दूँगी।''

''ऐसा है तब मैं मकान बेच दे रहा हूँ?'

''जो जी चाहे कर। इतना कह कर नानी अपना फोन रख देती है। फोन रखते ही अपने इस बेटे की ढेरों शरारत याद आने लगी। एक समय बैंक में गहने रखने का वॉल्ट उनके नाम से था। उसकी बाते मान कर अपना हाथ धो बैठी। बैंक और पोस्ट ऑफिस से पैसा निकाल कर एक अंधविश्वासी की तरह अपने बेटे को दे दिया। सोची थी कि उसे फेंक नहीं देगा। अंतिम सांस तक उसकी देख-रेख करेगा। मगर पति के मरते-न-मरते सब कुछ बदल गया। बेटा यह मकान बेच कर उसे सड़क पर लाना चाहता है। नानी मन ही मन कहती है, यही है मेरा शिक्षित बेटा। पढ़-लिख

कर मेरे ही कथरी में आग लगा रहा है। ऐसा बेटा पढ़ाई-लिखाई सीख कर इंसान नहीं बनता, जानवर बनता है। ऐसे बेटे को हम अपने पेट में रखे हैं। पढ़ना-लिखना सिखाते हैं, डॉक्टर, इंजीनियर बनाते हैं।

नानी इसे आसानी से छोड़ देने वाली औरत नहीं है। इसका अंत देख कर ही रहेगी। मगर नानी करेगी क्या? कर ही क्या सकती है? नानी खुद कुछ कर नहीं सकेगी तो क्या हुआ, कालू तो उसके साथ है। कालू निश्चय ही कोई उपाय निकालेगा।

घर आने में कालू को थोड़ी देर हो गई। देर से आने पर नानी उस पर गुस्सा हो गई। उससे पूछने लगी, 'घर आने में इतनी देरी क्यों हुई?'

''एक काम से देरी हो गई।''

''रहने दे तेरा काम। इधर तेरा मामा मकान बेचने के लिए बेचैन हो गया है।''

'मामा जी ने फोन किया था क्या?'

''हाँ।''

'क्या कह रहे थे?'

''वह मकान बेच देगा।''

'तुम कहाँ रहोगी?'

''मुझे अपने साथ लेकर जाना चाहता है। मैंने उससे कह दिया है, मैं इस घर से नहीं जाउँगी। तब वह वृद्धाश्रम में रहने की बातें कहने लगा। मैं वहाँ जाने के लिए राजी नहीं हूँ। मैंने उससे यह स्पष्ट कह दिया है, यह घर छोड़कर मैं कहीं नहीं जाउँगी।''

''मगर यह मकान बिक गया तो इस घर में हमारा रहना नहीं होगा।''

''तू कोई उपाय कर।''

''मुझे कोई उपाय नहीं सूझ रहा है।''

''मैं तेरी कोई बात नहीं सुनूँगी। तुझे कोई उपाय खोज निकालना ही होगा।''

फिर कालू कुछ सोचते हुए कहता है, 'मैं देख रहा हूँ क्या किया जाए। यह कह कर कालू अपने मामा को उनके मोबाइल पर फोन करता है।'

''हैलो।''

'मैं कालू बोल रहा हूँ।'

''हाँ कह।''

''यहाँ क्या फ्लैट बनेगा? अगर बनेगा तो नानी के नाम से एक फ्लैट रख दीजिएगा।''

''मगर फ्लैट तो नहीं बन रहा है।''

'तब क्या बन रहा है?'

"शॉपिंग मॉल बनेगा।"

'कौन बना रहा है?'

"हडसन ब्रदर्स।"

'उनका हेड ऑफिस कहाँ है?'

"मुम्बई में है।"

'यहाँ पर क्या उसका कोई ब्रांच ऑफिस है?'

'हाँ है, कैमक स्ट्रीट में उसका ब्रांच ऑफिस है? मगर यह सब कुछ जानकर तू क्या करेगा?'

'कुछ नहीं, बस ऐसे ही जानना चाहा।' इतना कहकर वह फोन काट देता है और अपनी नानी से कहता है, 'नानी तुम जानती हो, यह मकान तोड़कर यहाँ पर कोई फ्लैट-व्लैट नहीं बनने वाला है।' यह सुन नानी बहुत बेचैन हो कर उससे पूछने लगती है, 'अब क्या होगा?'

'अब क्या होगा? कुछ नही।' हम लोगों को अब यह मकान छोड़कर कहीं जाना होगा। फिर भी एक बार मैं कोशिश करके देखता हूँ, रोक पाता हूँ या नहीं।"

'तू रोकेगा कैसे?'

'देखता हूँ, मैं क्या कर सकता हूँ।' इतना कह कर कालू कुछ देर चुप रह गया। फिर आगे कहता है, "मैं एक बात कह देता हूँ। नानी, तुम यह जान लो, तुम्हारा यह कालू जितने दिन जीवित है, तुम्हें परेशान होने की जरुरत नहीं है।"

नाना ने यह मकान खरीदकर इसकी मरम्मत कराई थी। नानी के मन मुताबिक इसके प्रत्येक कमरे को सजाकर रखा था। इससे नानी की भी बहुत मेहनत लगी थी। इसलिए इस मकान के प्रति नानी की बहुत मोह-माया जुड़ी हुई है। इसके अलावा इसके प्रत्येक कमरे में ही नाना की ढेरों यादें जुड़ी हुई हैं। इसे भूलकर इसमें से बाहर निकलना बहुत ही कठिन है। कालू को यह अच्छी तरह मालूम है। मगर वह कर ही क्या सकता है। फिर भी कुछ दिनों तक इस मकान का बिकना रुक जाए, इसके लिए कुछ करना ही होगा। वह अपने इस काम में सफल नहीं भी हो सकता है। मगर फिर भी एक बार कोशिश करके देखने में क्या हर्ज है।

एक दिन कालू इसकी छानबीन करते हुए हडसन ब्रदर्स के ऑफिस में जा पहुँचा। उसके मैनेजर से मिलता है। उसके मैनेजर से यह जानकारी मिली कि दस रोज पहले उसके मामा यहाँ कोलकाता में आए थे। यहाँ आकर अपने मकान को बेच कर चले गए हैं।

यह जान कालू मैनेजर से पूछता है, 'हमारा मकान बिक गया है तो हम कहाँ जाएँ?'

मैनेजर कहता है, ''आप लोग कहाँ जाकर रहिएगा, यह मैं नहीं जानता। यह आपका मामला है। बस मैं इतना ही जानता हूँ कि उस मकान से आप लोगों को चले जाना होगा।''

'हम लोगों को मकान छोड़ने का नोटिस दीजियेगा तो?'

यह सुन कर मैनेजर चकित होकर कहता है, 'भला मैं आप लोगों को नोटिस देने क्यों जाऊँगा? अभी आप लोग उस मकान का कोई नहीं है। उस मकान में रहने का अब आपका कोई अधिकार नहीं है। अभी आप लोग इस मकान में गैर-कानूनी तरीके से हैं। हमारा आदमी आप लोगों को कायदे से मकान छोड़ देने के लिए समझा कर आयेगा।

इसके लिए आपको एक महीने का समय दिया जायेगा। उतने दिन में अगर आप लोग मकान छोड़कर नहीं गए तो पुलिस आकर आप लोगों को भगायेगी।''

''ऐसा हुआ तो हम कुछ कर नहीं सकते हैं?''

''नहीं।''

यह सुन कालू अब चुप हो जाता है। बिना बात को आगे बढ़ाए घर चला आता है। और अपनी नानी को सारी बात बताता है। नानी यह सब सुनकर चिंतित होकर कहती है, ''तू किसी वकील से जाकर मिल कर देख लें, कुछ किया जा सकता है क्या?''

कालू अपने मोहल्ले में ही एक वकील को जाकर मिलता है, वकील सब बातें सुनने के बाद कहता है, ''मकान बिकने के पहले अगर आप आते तो कुछ किया जा सकता था। फिर भी आप इस विषय को लेकर अपने मोहल्ले के काउंसलर से मिल सकते हैं। उनसे मिलकर देखें, वह कुछ कर सकते हैं या नहीं?''

कालू मोहल्ले के काउंसलर से जाकर मिलता है। काउंसलर सब कुछ सुनने के बाद कहते हैं, ''महाशय, मैं देख रहा हूँ आप तो उन्नति और विकास के विरोधी हैं। आप क्या यह नहीं चाहते कि कोलकाता में विकास हो?''

कालू कहता है, हाँ। ''मैं तो चाहता हूँ।''

''तब शापिंग मॉल बनने से आपको आपत्ति क्यों है? वहाँ अगर शॉपिंग मॉल बन जाए तो कितने लोगों को रोज़गार मिलेगा, इसे एक बार सोच कर देखें। आप लोग बहुत ही प्रतिक्रियाशील हैं। आप लोग बहुत स्वार्थी हैं। आप लोग किसी सभ्यता में अग्रगति नहीं चाहते। आप लोग बस अपने खुद का स्वार्थ देखते हैं। दूसरों के बारे में नहीं सोचते हैं। यही आप लोगों की समस्या है। आपके आस-पास के घरों के आदमी अपना मकान बेच कर चले गए। आप लोग भी खुशी-खुशी अपना घर छोड़कर चले जाइए। नहीं तो किसी मुसीबत में पड़ सकते हैं और अगर कुछ रुपया लेकर जाना चाहते हैं तो मैं हडसन ब्रदर्स को कहकर इसकी व्यवस्था करा

दूँगा। मगर हम लोगों को उसमें से कुछ देना होगा। क्या आप राजी हैं?''

''नहीं?''

''तब मैं कुछ नहीं कर सकता। आप इस समय जा सकते हैं।''

कालू घर लौट आता है। अपनी नानी को सभी बातें बताता है। नानी यह सब सुनकर कहती है, ''तू एक बार जाकर शिल्पमंत्री से मिल। वह तो इस कलकत्ते के विधायक हैं।''

कालू उदास होकर कहता है, ''हाँ, मैं उनसे मिल सकता हूँ। मगर उनसे मिलकर कोई लाभ नहीं होगा। मुझे नहीं लगता कि वे हमारे लिए कुछ करेंगे।''

''काम हो न हो। फिर भी उनसे एक बार मिलने में क्या बुराई है?''

''ठीक हैं मैं उनसे मिल लूँगा। मगर उसके पहले मामा से एक बात जानना चाहता हूँ।''

''क्या जानना चाहता है?''

''मैं उनसे जानना चाहता हूँ कि तुम्हें बिना कुछ बताए इस मकान को चुपचाप क्यों बेच दिया और कुछ दिन इंतजार कर ही लेते तो क्या बिगड़ जाता?''

नानी यह सुनकर चुप रह जाती है। कुछ कहती नहीं है।

कालू को यह समझ में आ रहा है, कोई आशा नहीं है। आस-पड़ोस के सभी लोग मकान छोड़कर चले गए हैं। लोग झमेला होने के डर से कुछ कर नहीं रहे हैं। आज नहीं तो कल मकान छोड़ना ही होगा। उसे मकान छोड़ने में कोई असुविधा नहीं होगी, मगर नानी को लेकर उसकी चिंता है। नानी यह मकान छोड़कर कहीं रह पाएँगी? नहीं, वह रह नहीं पाएँगी। इसके शोक में उनको हार्टअटैक हो जाएगा। कालू बीच-बीच में सोचता है, नाना ने यह काम सही नहीं किया। फिर वह सोचता है कि नाना ने अपनी इच्छा से ऐसा काम नहीं किया। हो सकता है, मामा और मामी ने किसी तरह का प्रेशर देकर यह दान करवा लिया हो। शायद नाना ने बाध्य होकर मामा को यह मकान लिख दिया हो। ऐसी कौन-सी विवशता थी, कालू कुछ नहीं जानता, यह सब उसका अनुमान है। अगर यह मकान नानी के नाम रहता भी तो कुछ नहीं किया जा सकता। सरकार की मदद से चारों तरफ जिस तरह से शॉपिंग मॉल बनने लगे हैं, उसके हाथों से मकान की रक्षा कर पाना कठिन है। कैसे कर के दो-चार वर्ष तक मकान को बिकने से रोका जा सकता था मगर उसके बाद मकान तो छोड़ना ही पड़ता। करोड़पति बिजनेसमैन के साथ लड़ाई करके नहीं टिका जा सकता है।

फिर भी कालू एक दिन शिल्प मंत्री से मिलेगा ही। उनसे कहेगा। उसके पहले कालू अपने मामा के मोबाइल पर फोन करता है। मामा फोन उठाते हैं और बहुत ही

गंभीर आवाज में कहते हैं, "हैलो।"

"मैं कालू बोल रहा हूँ।"

"हाँ। क्या बात है?"

"नाना जी के मरते न मरते उनका मकान आपने क्यों बेच दिया?"

"मुम्बई में एक फ्लैट बुक किया हूँ। दो करोड़ बीस लाख लग रहा है। इतना रुपया तो जुगाड़ करना होगा।"

"आप ने नानी के बारे में एक बार भी नहीं सोचा?"

"तू तो है ही।"

"हाँ मैं हूँ। इसलिए नानी को बिना बताए कलकत्ता आए और मकान बेचकर चले गए। नानी कुछ जान नहीं पाई। हडसन ब्रदर्स से सब कुछ जानने को मिला।"

"तुम लोगों को जानकारी देकर क्या लाभ होता। माँ रोना-धोना करती। तू माँ के तरफ से चिल्ला-चिल्ली करता। इसलिए यह सारा काम गुप्त तरीके से करना पड़ा। फिर भी माँ जितने दिन तक जीवित रहेगी, उतने दिनों तक उसे किसी फ्लैट या कोई वृद्धाश्रम में रहने की व्यवस्था मैं कर दूँगा।"

"इसकी जरुरत नहीं होगी।"

"तब तो अच्छा ही है।' यह कह कर मामा फोन की लाइन काट देते हैं।"

कालू ऐसे छोड़ने वाला नहीं था। वह फिर से मामा को फोन करता है।

"आप ने फोन की लाइन क्यों काट दी?'

"मैं इस समय बहुत व्यस्त हूँ। तेरे साथ बातें करने का समय मेरे पास नहीं है।"

"हाँ मैं जानता हूँ। मगर ...।"

मामा फिर फोन की लाइन काट देते हैं।

अब उद्योग मंत्री के साथ बात करनी होगी।

एक दिन कालू मन में साहस लिए शिल्प मंत्री के साथ मुलाक़ात करता है। मंत्री जी अपने अनुचर के साथ बैठकर गपशप करने में व्यस्त थे। कालू अपना हाथ जोड़कर मंत्री जी को नमस्कार करते हुए कहता, 'मैं आप से एक बात कहने आया था क्या आप मेरी बात सुनिएगा?'

मंत्री जी कहते हैं, "कहिए आप क्या कहना चाहते हैं?"

कालू कहने लगता है, "मैं जहाँ रहता हूँ-बाईस नम्बर का मेरा मकान, मेरे नाना ने मेरे मामा को दे दिया है। मेरे नाना अब जीवित नहीं हैं। मेरे मामा मुम्बई में रहते हैं। अभी उस मकान में मैं अपनी नानी के साथ रहता हूँ। अभी मेरे मामा ने उस मकान को किसी शॉपिंग मॉल बनाने वाली कंपनी हडसन ब्रदर्स को बेच दिया है। हडसन ब्रदर्स ने हमारा मकान खरीद लिया है। अभी हम लोगों को मकान छोड़ने के

लिए कह रहा है। मगर अभी हम कहाँ जाएँ? मैं कह रहा था... कह रहा था कि...

मंत्री जी यह सुन झुझलाते हुए कहते हैं, ''मैं कह रहा था, कह रहा था, यह कहिएगा कि आगे भी कुछ कहिएगा। आप जो कहना चाहते है, उसे कहिए।''

''मैं कह रहा था कि मैं अपने लिए नहीं सोचता। नानी के लिए सोचता हूँ। मेरी नानी बूढ़ी हो गई हैं। घर के प्रति नानी को बहुत माया है। मैं कह रहा था, जितने दिनों तक मेरी नानी मरती नहीं है, उतने दिनों तक हडसन ब्रदर्स इंतजार कर लेता तो बहुत अच्छा होता।''

यह सुनकर मंत्री जी कहने लगते हैं, हडसन ब्रदर्स के साथ बहुत पहले ही हमारी बातचीत हो गई है। वे लोग कलकत्ते में तीन जगह शॉपिंग मॉल बना रहे हैं। इसमें एक जगह आप लोगों के यहाँ है। आपके नाना का घर और उसके आसपास के और भी बहुत से घरों को तोड़कर लगभग एक बीघा ज़मीन में शॉपिंग मॉल बनने वाला है। आपके वहाँ से बहुत से लोग अपना मकान बेचकर चले गए हैं। बस आपका मकान ही अब तक खाली नहीं हुआ है। उसे खाली करना होगा। हडसन ब्रदर्स एक महीने में लगभग अपना काम शुरु करेगा। आपकी नानी क्या एक महीने के अंदर मर सकती है? अगर मर जाती है तो बहुत अच्छा है और अगर नहीं मरती है तो बहुत ही समस्या होगी। पुलिस द्वारा आप लोगों को मकान से उठवाना पड़ेगा। तब कुछ किया नहीं जा सकता है। अब बताइए, एक महीने के अंदर आपकी नानी मर सकती हैं या नहीं?''

कालू धैर्य से सब सुनता हुआ विनय के साथ कहता है, ''यह तो मैं कह नहीं सकता। मेरी नानी आज भी मर सकती है, कल भी मर सकती है और एक वर्ष बाद भी मर सकती है। मेरी नानी कब मरेगी, यह कोई कह नहीं सकता है।''

''नहीं बता पाने से तो होगा नहीं। आप अपनी नानी से जाकर पूछें वह एक महीने के अंदर मर सकती हैं या नहीं।''

कालू चकित होते हुए कहता है, ''मैं पूछूँगा?''

''हाँ जल्दी ही पूछियेगा और अगर आप पूछ नहीं सकते हैं तो मेरा आदमी जाकर पूछेगा। क्या आप ऐसा चाहते हैं।''

''नहीं।''

''यह तो आपकी समस्या। हम अभी शॉपिंग मॉल बनाकर बेकारी की समस्या हल करने की कोशिश कर रहे हैं और आप इस काम में बखेड़ा कर रहे हैं।''

''नहीं मैं कोई बखेड़ा नहीं कर रहा हूँ।''

''आप बखेड़ा कर रहे हैं। आप लोग मात्र दो आदमी वहाँ पर रहना चाहते हैं। मगर वहाँ पर शॉपिंग मॉल बन जाने से लगभग डेढ़ सौ-दो सौ लड़कों की नौकरी होगी? इसे एक बार आप सोचकर देखें? आपकी नानी के चलते हम उन लड़कों को

बेकार नहीं रख सकते। उन लड़कों का भविष्य है। आप एक बार उन बेकार लड़कों के बारे में सोच कर देखें।'' इतना कह कर मंत्री जी वहाँ उपस्थित अपने अनुचर के तरफ अंगुली उठाकर कहते हैं, ''ये सभी लोग बेकार हैं। ये लोग शॉपिंग मॉल के इंतजार में हैं। आपकी नानी के मरने का इंतज़ार नहीं कर सकते हैं। आप अभी घर जाइए। घर जाकर अपनी नानी को समझाइए। जिससे आपकी नानी एक महीने के अंदर मर जाएँ, इसकी व्यवस्था कीजिए।''

यह सब बातें क्या नानी को कही जा सकती हैं? नहीं कही जा सकती हैं। उसे अगर कोई जान से मार भी दे तो भी कालू अपनी नानी को नहीं बताएगा। वह बता नहीं सकता है कि शिल्प मंत्री जी ने नानी जी को कहने के लिए क्या कहा है। इसलिए कालू चुप रह जाता है।

मगर नानी चुप नहीं रहती। एक दिन रात को नानी कालू से कहती है, ''तू क्या मंत्री जी से मिला था?'' कालू कहता है, ''हाँ।''

''कोई रास्ता निकला?''

''नहीं।''

''तब हमें मकान छोड़ना ही पड़ेगा?''

''हाँ।''

नानी यह सुनकर चौंक जाती है। कालू चुप रह जाता है।

ठीक उसी समय ही डोरबेल बज उठती है। कालू उठकर घर का मेन द्वार खोलता है। देखता है, दो जवान लड़के उसके सामने खड़े हैं।

कालू लड़कों से पूछता है, ''किसे चाहिए?''

उसमे से एक लड़का उसके प्रश्न का बिना कोई उत्तर दिए उल्टे उससे ही पूछता है, ''क्या आप ही कालू घोष हैं?''

''हाँ, कालू घोष मैं ही हूँ। कहिए, क्या बात है?''

''आपकी नानी क्या घर में है?''

''हाँ हैं।''

''उन्हें बुलाएँ।''

''क्यों?''

''यह हम उनसे ही कहेंगे।''

कालू अंदर जाकर अपनी नानी को बुला लाता है।

नानी को देखते ही एक लड़का कहता है, ''हम आपको एक महीने का समय दे रहे हैं। इस बीच हो सके तो आप घर छोड़कर चले जाइए। नहीं तो एक महीने के अंदर मर जाइए। इस घर की माया का त्याग करिए। अगर आप माया त्याग नहीं करेंगी तो मुसीबत में पड़ेंगी। इतना कहकर वह अपने पार्टनर को लेकर चला जाता

है। नानी भभक कर कालू के चेहरे की तरफ देखते हुए पूछती है, ''कालू इन लोगों ने क्या कहा? हमको मर जाने के लिए कह रहे हैं?''

कालू कोई उत्तर नहीं देता है।

एक महीना भी नहीं गुजरता है। दस दिन बाद ही कालू की नानी हार्टअटैक से मर जाती है।

कालू रोते-रोते मामा को फोन कर कहता है, ''नानी अब नहीं रही। आप जल्दी चले आइए।''

मामा कहते हैं, ''मैं अभी नहीं आ सकता। जो करना है, तू ही कर।''

''मुखाग्नि कौन देगा?''

''तू ही दे देना।''

''आप के रहते मैं आग दूँ?''

''हाँ, तू ही आग देगा।''

''ठीक है, मैं ही आग दूँगा। मगर श्राद्ध का काम कौन करेगा?''

''कहीं किसी मठ में जाकर पैसा दे कर श्राद्ध का काम कर लेना। मुझे इन सब कामों में मत लपेट।''

''यह क्या अच्छा लगेगा?''

''आजकल यह सब कोई नहीं मानता।''

इस उत्तर के बाद कालू क्या कहे, उसे नहीं सूझ रहा था। वह चकित होकर फोन रख देता है।

नानी मर गई है। नहीं, नानी मरी नहीं है। नानी को फिर से देखा गया, इधर-उधर बहुत-सी जगहों में। विभिन्न तरह के चेहरों में। कभी किसी पेड़ के नीचे, कभी किसी मंदिर की सीढ़ियों पर बैठे हुए नानी को देखा गया। उसके सामने से जो भी जा रहा है, सभी को नानी बुला-बुला कर कह रही हैं, मुझे रहने के लिए थोड़ी जगह दे दो?

❑

# मजबूत हाथ

गलती मेरी है, मैं ऑफ़िस के काम से दिल्ली में था। वहाँ से एक दिन तिथि को फोन करता हूँ। तिथि उस समय रास्ता पार कर रही थी। जल्दी फोन उठाने के चक्कर में एक टैक्सी उसे धक्का मारकर चली जाती है। जिसके कारण तिथि का पैर टूट जाता है। सिर में भी चोट लगती है। उसे अस्पताल में भर्ती करना पड़ता है। सात दिनों के बाद वह अस्पताल से लौटकर अपने फ्लैट में आती है। तिथि की माँ फोन पर यह सब बातें मुझे बताती है। सुनकर मुझे अपराध बोध होने लगता है। मैं फोन पर तिथि की माँ से कहता हूँ, "देखिए, मुझे यह मालूम नहीं था कि तिथि उस समय रास्ता पार कर रही है।" यह सुनकर तिथि की माँ दिल्ली से जल्दी कोलकाता आने के लिए मुझसे कहती हैं। मैं अपना काम समाप्त किए बिना दिल्ली से कोलकाता आ नहीं सकता। यह मैं तिथि की माँ को समझाता हूँ। तिथि मेरे आने की ज़िद करती है। तिथि को मैं समझा नहीं पाता हूँ। वह कहती है, "अगर तीन-चार दिन के अंदर मुझसे मिलने नहीं आए तो मेरा तुमसे कोई संबंध नहीं रहेगा। मैं कभी तुम्हारा मुँह नहीं देखूँगी।" मैं उसे समझाते हुए कहता हूँ, "अभी कोलकाता आने में पंद्रह दिन और लग जायेंगे।" तिथि कहती है, "तुम लुच्चे हो। लंपट हो।" मैं अब गुस्से में आ जाता हूँ। कहता हूँ, "रुक क्यों गई? और कुछ कहो?" यह सुनकर तिथि भी और गुस्से में आ गई। वह आगे कहने लगती है, "तुम कुत्ता हो। तुम सूअर हो। तुम उल्लू हो। तुम भेड़िया हो। और तुम..." अपने लिए यह सब संज्ञा सुनना अच्छा नहीं लग रहा था। मैं मोबाइल की लाइन कट कर देता हूँ। इसके बाद तिथि फिर कभी मुझे फोन नहीं की; इससे मैं निश्चिंत हुआ। अब मैं तिथि के प्रति बहुत गुस्से में आ गया था। मैं तिथि को प्रेम करता हूँ। मैं परोक्ष रुप से यह मानता हूँ कि उसके पैर के टूटने का कारण मैं ही हूँ। उसके सिर के फटने का कारण भी मैं ही हूँ। इसके लिए मैं दुखी भी हूँ। मगर ऑफ़िस का काम छोड़ कर इसी वक्त कोलकाता जाना मेरे लिए संभव नहीं है। वहाँ जाकर मैनेजर से कौन-सा विवरण स्पष्ट करूँगा। तिथि को प्यार दिखाने के चक्कर में अपना नुकसान नहीं कर सकता। तिथि अगर मुझे नहीं मिलती है तो चलेगा; मगर नौकरी चली गई तो मैं क्या करूँगा? मेरे

लिए नौकरी बड़ी है, तिथि नहीं।

सोचा था ऑफ़िस के काम से पंद्रह दिन में लौट आऊँगा। मगर काम पूरा होने में अभी कुछ दिन और लगेगा। मैंने तय किया कि कोलकाता लौटते ही सबसे पहले तिथि से मिलूँगा। मगर मेरा मन यह भी सोचने लगा, क्या तिथि से मिलना सही होगा? तिथि मुझसे बहुत नाराज़ हैं। क्या वह मुझसे मिलना चाहेगी? खैर एक बार मुझे उसके पास जाना चाहिए। क्योंकि उसके दुर्घटना का कारण मैं ही हूँ। यह सब सोचते-एक रविवार की सुबह मैं उससे मिलने तिथि के फ्लैट में हाज़िर होता हूँ। डोरबेल बजाते ही तिथि की माँ दरवाज़ा खोलती हैं। मुझे देखते ही वह विस्मित हो जाती हैं। मैं समझ गया, इन्हें मेरे आने की उम्मीद नहीं थी। वह कहती हैं, ''अंदर आओ।''

मैं अंदर आता हूँ।

तिथि की माँ पूछती है, ''तुम कोलकाता कब आए?''

मैं कहता हूँ, ''दो-तीन दिन पहले।'' इतना कह मैं उनसे पूछता हूँ, ''तिथि अभी कहाँ है?''

तिथि की माँ कहती है, ''वह अपने कमरे में सो रही है।''

''वह अभी कैसी है?''

''अच्छी है।''

''चल-फिर पा रही है?''

''बहुत बेहतर तो नहीं। मगर कष्ट के साथ चल-फिर रही है।''

''सिर का घाव अभी कैसा है?''

''वह ठीक हो गया है।''

''बहुत अच्छा।'' इतना कहने के बाद मैं फिर कहता हूँ, ''एक बार मैं तिथि से मिलना चाहता हूँ।''

''ठीक है। मगर बहुत सावधानी से बातें करना, वह तुमसे बहुत नाराज़ है।''

''हाँ, मैं यह जानता हूँ।'' इतना कहने के बाद मैं तिथि के कमरे में आता हूँ। तिथि की माँ मेरे साथ नहीं आतीं, वह अपने कमरे में चली जाती हैं।

तिथि मुझे देखते ही उठ कर बैठ जाती है। गुस्से में अपनी बरौनियों को सिकुड़ते हुए कहती है, ''तुम?''

मैं बहुत ही विनय के साथ कहता हूँ, ''हाँ मैं।''

''तुम्हें यहाँ आने के लिए किसने कहा?''

''किसी ने भी नहीं। मैं खुद आया हूँ।''

''क्यों आए हो?''

''तुमसे प्रेम करता हूँ इसलिए।''

''यह झूठ है। तुम अगर मुझसे प्रेम करते तो एक दिन के लिए भी दिल्ली से मेरे पास जरूर आ जाते। मुझसे मिल कर फिर उसी पल चले जाते। मगर ऐसा तुमने नहीं किया।''

''ऐसा करना मेरे लिए संभव नहीं था।''

''यह झूठ है।''

''नहीं यह झूठ नहीं। मैं सच कह रहा हूँ।''

''मैं तुम्हारी बातों का विश्वास नहीं करती।''

''अब मैं क्या कर सकता हूँ?''

''तुम कुछ करना चाहते हो तो इतना ही करो, अब मुझे शांति से रहने दो।''

''तब मुझे इसके लिए क्या करना होगा?''

''अब तुम मुझे कभी फोन नहीं करोगे। तुम्हारे फोन के कारण ही मेरा पैर टूटा है। तुम्हारे फोन के कारण मेरा सिर फुटा है। अब क्या फुटेगा मैं नहीं जानती।'' इतना कह कुछ पल रुकने के बाद तिथि कहती है, ''हाँ, याद आया। तुम उस दिन मुझे फोन पर कुछ कहना चाहते थे? कहो क्या कहना चाहते थे?''

''मैं एक बात कहना चाहता था।''

''कौन सी बात?''

''बाद में बताऊँगा।'' इतना कह मैं कमरे से बाहर निकल जाता हूँ।

अब अक्सर मुझे तिथि को देखने की इच्छा होती है। मगर वह मुझे देखते ही गुस्से में आ जाएगी। बे-फ़ालतू बातें कहेगी। इसलिए उसके पास नहीं जाना ही अच्छा है। और अगर फोन करता हूँ तो इससे भी नहीं बचूँगा। तिथि मुझे फोन करने से भी मना कर चुकी है। मैं मुसीबत में हूँ। क्या करूँ समझ में नहीं आ रहा है? तिथि का इस तरह मेरे ऊपर नाराज़ होना वाज़िब है। मगर मैं कुछ कर नहीं सकता। ऑफ़िस का काम छोड़कर मैं दिल्ली से कैसे आता। मेरे लिए वहाँ से आना असंभव था। तिथि को मेरी यह बातें समझ में नहीं आ रही है। उसे समझ में नहीं आ रहा तो मैं कुछ कर नहीं सकता। इसलिए अब मुझे इंतजार करना ही होगा। मगर आखिर कितने दिनों तक? जितने दिनों तक तिथि का क्रोध शांत नहीं हो जाता। उतने दिन इंतजार करना ही होगा। यह सब सोचते मेरा दिन परेशानी में व्यतीत होने लगा है।

एक महीने बाद अचानक मेरा भाग्य खुल गया। उस समय मैं ऑफ़िस में काम कर रहा था। तभी मेरे मोबाइल की घंटी बज उठी। जेब से मोबाइल निकाल कर देखता हूँ स्क्रीन पर तिथि का नंबर है। यह देख मैं मोबाइल कान पर रख लेता हूँ।

''हैलो।''

"क्या कर रहे हो?"

"ऑफ़िस का काम कर रहा हूँ।" इतना कह मैं तिथि से पूछता हूँ, "तुम कैसी हो?"

"अच्छी हूँ।

"चलने फिरने में कोई असुविधा तो नहीं है?"

"नहीं।"

"बाहर निकलती हो?"

"हाँ।"

"ट्राम, बसों में चढ़ पाती हो?"

"हाँ।"

"वाह! यह तो बहुत अच्छी खबर है। तब चलो हम पहले की तरह किसी दिन कहीं से घूम-फिर कर आते हैं। तुम्हें कोई आपत्ति तो नहीं है।"

"आपत्ति नहीं है। मगर उसके पहले एक बात मैं जानना चाहती हूँ?"

"क्या?"

"तुम उस दिन दिल्ली से फोन पर मुझे कुछ कहना चाहते थे? कहो।"

"बाद में बताऊँगा।"

"अभी नहीं कहोगे?"

"नहीं।"

"तो अब मैं तुमसे बातें नहीं करती।" इतना कह तिथि अपना मोबाइल कट कर देती है।

मेरा कोई नहीं है। दस वर्ष पहले मेरे पिता स्वर्ग सिधारे हैं। तीन वर्ष पहले मेरी माँ स्वर्ग सिधारी है। मेरी माँ तिथि की माँ के साथ ही ऑफ़िस में काम करती थी। दोनों में अच्छी मित्रता का कारण भी यही है। यह मित्रता और भी गाढ़ी तब हो गई जब तिथि के पिता की मृत्यु हुई। तिथि के पिता पाँच वर्ष पहले कैंसर से मरे हैं। मरने के पहले तिथि के पिता मेरी माँ से अनुरोध करते हुए ये कहे थे, "मैं अधिक दिन जीवित नहीं रहूँगा। आप मेरी बेटी को संभालिएगा। वह बहुत अच्छी लड़की है। आपके बेटे के साथ उसकी शादी हो गई तो मुझे शांति मिलेगी।" यह अनुरोध मेरी माँ रख पाती उसके पहले ही मेरी माँ का देहांत हो गया। मरने के पहले माँ मुझसे कह गई हैं, मैं तिथि से ज़रुर शादी कर लूँ। मुझे उससे शादी करने में कोई आपत्ति नहीं है। मगर तिथि क्या मुझसे शादी करेगी। आजकल की लड़कियाँ शादी करती हैं और कुछ ही दिनों में उसे तोड़ देती हैं। परिवार का निर्वाह करना उनकी क्षमता में

नहीं रहता। इसलिए देश में डिवोर्स का मामला पहाड़ बनता जा रहा है। हो सकता है तिथि मुझसे शादी करें, उसके बाद क्या वह निभाएगी? निभाती है तो बहुत अच्छी बात है। नहीं तो अशांति से मैं बचूँगा नहीं। इससे मेरी परेशानी और बढ़ जाएगी। मैं अभी अकेला हूँ, सही हूँ। खुद भोजन पकाता हूँ। खुद से बर्तन मांजता हूँ। अपना घर-द्वार खुद ही साफ करता हूँ। कपड़ा खुद ही धोता हूँ। मुझे कोई असुविधा नहीं होती। शादी के बाद हम दो हो जाएंगे। काम भी बढ़ जाएगा। मैं अकेले यह सब संभाल नहीं पाऊँगा। और ऐसे में तिथि अपना पैर तोड़ कर बैठी है। अभी उसकी शादी होना मुश्किल है। मेरे अतिरिक्त तिथि से शादी कौन करेगा? मुझे ही शादी करनी होगी। कुछ किया नहीं जा सकता। मेरी माँ तिथि के पिता से इसका वचन ले चुकी है। मैं भी अपनी माँ को शादी का वचन दे चुका हूँ। उसे नहीं पूरा किया तो भी चलेगा। मगर तिथि मुझे नहीं मिली तो मैं दुखी हो जाऊँगा। मगर पहले यह तो जान लेना ज़रुरी है, क्या तिथि मुझसे प्यार करती है? मैं तिथि से बहुत प्यार करता हूँ। यही असली सच्चाई है। अगर जान गया तो फिर, उससे शादी की बात सोचूँगा। मगर यह जानूँगा कैसे? फोन से यह सब जानना संभव नहीं, मगर इसके लिए मैं तिथि को फोन नहीं कर सकता। तिथि फोन के लिए मना की है। उसका मना करना भी वाजिब है। एक बार उसे फोन करने के कारण ही उसका पैर टूटा है। अब पता नहीं, फोन करने पर कौन-सी नई दुर्घटना घटेगी? हो सकता है तिथि बस में चढ़ रही हो या नहीं तो रास्ते पर चल रही हो या नहीं तो बाथरूम में हो। ऐसे में फोन रिसीव करते कोई दुर्घटना घट सकती है। इसलिए तिथि के कहे अनुसार फोन नहीं करना ही वाजिब है। अगर सच में बात करनी है तो तिथि के फ्लैट में जाना ही उचित होगा। सस्ते उपन्यास के नायक की तरह मैं जा कर उससे कहूँगा, ''मैं तुमसे बहुत प्यार करता हूँ। क्या तुम मुझसे प्यार करती हो?'' इसके उत्तर में तिथि जो कहेगी उसी के अनुसार मैं आगे बढ़ूँगा।

जाना ही होगा, मुझे तिथि से मिलने जाना ही होगा। जाकर उससे आर-पार की बातें करनी ही होगी। मगर तिथि तो हमेशा की तरह मुझसे वही प्रश्न पूछेगी। वह जानना चाहेगी, दिल्ली से मैंने उसे क्या कहने के लिए फोन किया था। मैं इसके उत्तर में क्या कहूँगा? सच कह दूँगा। इसका उत्तर मैं नहीं जानता। इसलिए कि उस दिन मैंने ऐसी ही कोई विशेष बातें कहने के लिए फोन नहीं किया था। बस यूँ ही बातें करने के लिए फोन किया था। मगर तिथि क्या मेरा विश्वास करेगी? करेगी, क्यों नहीं करेगी? उसे विश्वास करना ही होगा। मैं जब अकेले में रहता हूँ या जब कोई मेरे नज़दीक नहीं रहता तब मैं किसी से बातें करना चाहता हूँ। कोई जरूरी बातें

नहीं, बहुत ही साधारण इधर-उधर की बे-फ़ालतू बातें। यह मेरी आदत है। मैं ऐसे ही फ़ालतू बातें करते रहा हूँ। मगर अब मैं ऐसा नहीं करता। इसलिए कि ऐसा करने से सबकी नज़रों में मैं अप्रिय हो गया हूँ। पहले मैं सिर्फ यूँ ही बे-मतलब की बातें करने के लिए दोस्तों को फोन करता था। कहता कुछ नहीं था। यही कहता, क्या एक बार के लिए मेरे पास आ सकते हो? मेरे दोस्त शाम को मेरे घर आ जाते। हमारे बीच तरह-तरह की बातें होतीं, मगर काम की बातें नहीं होतीं। अंत में मेरे दोस्त मुझसे यही पूछते, ''किस लिए तूने मुझे बुलाया था?'' मैं कहता, ''ऐसे ही।'' मित्र गुस्से में कहते, ''ऐसे ही, मतलब?'' मैं कहता, ''बहुत अकेला महसूस कर रहा था इसलिए बुला लिया। यह सुनकर मेरे दोस्त कहते, ''हम सब अपना कोई-न-कोई काम छोड़कर यहाँ तेरे पास आए हैं। सोचा तेरी कोई जरूरी बात होगी इसलिए तूने हमें बुलाया है। अभी कह रहा है ऐसे ही। कोई बात नहीं थी ऐसे ही बुलाया। अब हमें कभी फालतू में नहीं बुलाना। सिर्फ इतना ही नहीं, हमें फ़ालतू फोन भी मत करना। हम तेरे फोन से परेशान होना नहीं चाहते। हम सब अपने किसी-न-किसी काम में व्यस्त रहते हैं। तेरा फोन आए तो हम ये समझ जाते हैं कि आधे घंटे में तेरी बातें समाप्त नहीं होगी।'' मैं अपने मित्रों की ये सब बातें सुनकर उनके गुस्से को शांत करने की कोशिश करता हूँ। मगर वे शांत नहीं होते हैं। गुस्से में मुझे गाली-गलौज कर के चले जाते हैं। मैं उदास होकर अपने कमरे में बैठा रह जाता हूँ। ऐसे समय में तिथि ही मुझे बचाती रही है। तिथि के साथ फोन पर मैं इधर-उधर की ढेरों बातें करता; तिथि भी मुझसे बीच-बीच में परेशान हो जाती, मगर वह मेरे दोस्तों की तरह कभी मुझसे मिलना नहीं छोड़ी। उस दिन मैंने तिथि से महज ऐसे ही बातचीत करने के लिए दिल्ली से फोन कर दिया था। जिससे उसके साथ दुर्घटना घट गई। इसके लिए मैं अफसोस में ही नहीं, बहुत दुखी भी हूँ। मगर मैं कर ही क्या सकता हूँ? तिथि से क्या कहूँगा? अभी यह झूठ कह दूँगा कि तिथि मैं तुमसे प्रेम करता हूँ। यही कहने के लिए उस दिन फोन किया था।

एक रविवार मैं तिथि के फ्लैट में हाज़िर होता हूँ। उस समय तिथि की माँ घर में नहीं थी। तिथि फ्लैट में अकेली थी। मैं तिथि से कहता हूँ, ''तुमसे कुछ जरूरी बातें कहनी है?''

तिथि कहती है, ''कैसी बातें?''

''बताता हूँ।''

''कहो। मगर उसके पहले तुम यह बताओ। उस दिन क्या कहने के लिए तुमने दिल्ली से मुझे फोन किया था?''

अब मुझे मौका मिल गया। जिस बात को कहने, मैं यहाँ आया हूँ, एक झटके में उसे कहता हूँ, "उस दिन मैं तुम्हें यह कहने के लिए फोन किया था कि मैं तुमसे बहुत प्यार करता हूँ। और साथ ही यह जानना चाहा था, क्या तुम मुझसे प्रेम करती हो? मगर उत्तर मिलने के पहले ही दुर्घटना घट गई। तुम्हारा पैर टूट गया। सिर फुट गया।"

"यह झूठ है। तुम मुझसे प्रेम नहीं करते।"

"क्या कह रही हो? मैं तुमसे प्रेम नहीं करता।"

"नहीं करते।"

"करता हूँ।"

"नहीं, मैं तुमसे प्रेम करती हूँ।"

"अगर मेरा प्रेम तुम्हारे नज़रों में झूठा है तो तुम्हारा प्रेम भी मेरे नज़रों में झूठा है।"

"यह बकवास है। मेरा प्रेम सत्य है। इसलिए मैं मुसीबत में पड़ कर भी तुम्हारा फोन उठाने गई थी। जिसके कारण मेरी दुर्घटना हुई है। तुम इस तरह अपने प्रेम का कोई प्रमाण नहीं दे सकते, जैसा की मैं दी हूँ।"

अब मैंने गंभीर स्वर में उससे यह जानना चाहा, "तुम क्या प्रमाण चाहती हो? मैं छत से कूद जाऊँ? रेल लाइन पर सो जाऊँ? जहर खा लूँ या अपने गले में रस्सी लगा लूँ?"

तिथि हंसते हुए कहती है, "यह सब करने की कोई जरूरत नहीं है।"

"तब मैं क्या करूँ?"

"तुम्हारे कारण मेरा पैर टूटा है। मैं चाहती हूँ तुम्हारा एक हाथ टूटे।"

"कौन-सा हाथ?"

"कोई भी।"

"तब तुम्हें खुशी होगी?"

"हाँ।"

"ठीक है।" ऐसे समय तिथि की माँ घर में आती है। मुझे देखते ही कहती हैं, "तुमसे कुछ बातें करनी थी।"

मैं पूछता हूँ, "कैसी बातें?"

"मेरी उम्र हो गई है तबियत भी सही नहीं रहती। मैं किसी भी दिन मर सकती, मरने के पहले मैं तुम दोनों की शादी करा देना चाहती हूँ। तिथि के पिता भी यही चाहते थे। तुम्हारी माँ ने भी यह वादा की है। इसलिए अब और देरी न कर, मैं तुम लोगों की शादी कर चैन से मरना चाहती हूँ।"

मैं कहता हूँ, "मैं भी यही चाहता हूँ मगर।"

तिथि की माँ परेशान होते हुए कहती है, "मगर क्या?"

"मैं तिथि से प्रेम करता हूँ या नहीं इसका प्रमाण मुझे तिथि को देना होगा।"

"उसे कैसा प्रमाण चाहिए?"

"मेरे लिए तिथि अपना पैर तोड़ी है और तिथि चाहती है मैं उसके लिए अपना एक हाथ तोड़ लूँ। तभी यह प्रमाणित होगा कि मैं तिथि से प्रेम करता हूँ।"

यह सुनकर तिथि की माँ गुस्से में आ जाती है। वह तिथि से कहती है, "तू अपनी ज़ुबान से ऐसा कह पाई? तेरा दिमाग क्या खराब हो गया है?"

तिथि कहती है, "मेरा दिमाग खराब नहीं हुआ। मैं सही कह रही हूँ।"

मैं समझ गया, अब माँ और बेटी में बकझक शुरू होगी। अब मेरा इनके बीच रहना उचित नहीं होगा। मैंने इनके बीच से विदा ले लिया।

रात को तिथि का फोन आता है। वह फोन पर कहती है, "माँ चाहे जो भी कहे, तुम्हें अपना हाथ तोड़ना ही होगा।"

मैं कहता हूँ, "अच्छा ठीक है।"

मुझे अपना हाथ तोड़ना है। मगर कैसे? दो-एक लोगों से कहता हूँ, क्या मेरा हाथ तोड़ सकते हो? इस काम के लिए मैं पैसे दूँगा। यह सुनकर लोग मुझसे पूछने लगते हैं, "हाथ तोड़वाने की इतनी बेचैनी क्यों है? मैं कारण बताता हूँ। कारण सुनने के बाद सभी लोग हँसने लगते हैं। कहते हैं, "जाईए घर जाईए। इस तरह का पागलपन छोड़िए। तब मैं खुद से ही अपने खुद के हाथ को तोड़ने की कोशिश करता हूँ। पहले यह सोचा कि हथौड़ी से मैं अपने हाथ के ऊपर चोट करूँगा। मगर इसमें एक समस्या है हथौड़ी से चोट करने से यह कार्य कैसे होगा? मेरे हाथ का माँस कुचल जाएगा। मगर हड्डी नहीं टूटेगी। मैं इसके दर्द से परेशान हो जाऊँगा। मुझे अस्पताल जाकर भर्ती होना होगा। यह तो बहुत कष्ट की बातें हैं। मुझसे यह कष्ट सहन नहीं होगा। इससे अच्छा है कि मैं एक काम करता हूँ, जो बहुत ही आसान है। मैं चलती हुई बस पर तो चढ़ ही सकता हूँ उससे उतर सकता हूँ। आँख पर पट्टी बाँधकर सीढ़ी से चढ़-उतर सकता हूँ या नहीं तो असावधानी से रास्ता पार कर सकता हूँ। गड्ढों से भरा फुटपाथ पर चल सकता हूँ। ऐसा करने से मेरे लुढ़क कर गिरने की संभावना अधिक है। हाथ नहीं पैर के टूट जाने की संभावना अधिक है। अगर पैर टूटा तो काम नहीं होगा, हाथ का टूटना ही जरूरी है। क्योंकि तिथि भी यही चाहती है।

मैं अब इसी सोच के अनुसार काम शुरू कर दिया। चलती हुई बस में चढ़ने

लगा। चलती हुई बस से उतरने लगा। आँख पर पट्टी बाँधकर सीढ़ी पर चढ़ने-उतरने लगा। सीढ़ी से वैसे ही उतरने लगा। असावधानी के साथ सड़क पार करने लगा। गड्ढों से भरे फुटपाथ पर चलने लगा। मगर मेरा भाग्य खराब है दो एक बार गिरने के बाद भी मेरे हाथ-पैर छिल गए। खून निकला मगर हाथ नहीं टूटा। मैं समझ गया खुद से खुद के हाथ तोड़ा नहीं जा सकता। अब मैं निराश होकर अपने ऑफ़िस का काम करने लगा हूँ। सड़कों पर घूमने फिरने लगा। घर में चुपचाप रहने लगा।

ठीक ऐसे समय ऑफ़िस से मुझे अनुमति मिली कि दिल्ली जाना होगा। इस बार दो महीने के लिए नहीं, कई महीनों के लिए जाना है।

इसलिए विदा लेने एक दिन मैं तिथि के घर पहुँचा। तिथि की माँ बीमार है। मैं उनसे कुछ नहीं कहता हूँ। तिथि को बुला कर उससे अकेले में कहता हूँ, "तुम्हारे कहे अनुसार मैंने बहुत कोशिश की अपना हाथ तोड़ने की। मगर मैं अपना हाथ तोड़ नहीं सका। अब तुम मुझे भूल जाओ।"

तिथि कुछ नहीं कहती है। वह चुप रह जाती है।

मैं दिल्ली आ गया। दिल्ली आकर ऑफ़िस के काम में लग गया। मगर मन में सुकून नहीं है। रहे भी कैसे? क्योंकि मैं बहुत कोशिश करके भी अपना हाथ नहीं तोड़ पाया। इसके कारण ही तिथि की नज़रों में मेरा प्रेम प्रमाणित नहीं हो पाया कि मैं उसे कितना प्रेम करता हूँ। इसलिए तिथि से अब शादी का कोई प्रश्न ही नहीं उठता। हो सकता है तिथि मुझे अब कभी फोन न करें, मैं भी तिथि को अब फोन नहीं करूँगा। तिथि ने भी तो मुझे फोन करने से मना किया है।

मगर लगभग डेढ़ महीने के बाद एक दिन अचानक तिथि मुझे फोन करती है।

"हैलो।"

"बहुत बुरा समाचार है।"

"क्या?"

"सात दिन हुआ, मेरी माँ गुजर गई।"

"यह क्या, मुझे नहीं बताई?"

"बता कर क्या होता, तुम तो आ नहीं सकते।"

"फ़ालतू बातें मत करो। मैं ज़रुर आता।"

"झूठ।"

"सच कह रहा हूँ। इतना कह कुछ पल चुप रहने के बाद मैं फिर कहता हूँ, "अब यह सब बातें रहने दो। यह बतलाओ, तुम अभी हो कहाँ?"

"अपने मामा के घर। मुझे कुछ अच्छा नहीं लग रहा। बहुत अकेलापन महसूस

हो रहा है। क्या करूँ कुछ समझ में नहीं आता।''

''तुम यहाँ मेरे पास दिल्ली चली आओ। आओगी?''

''हाँ, आऊँगी।''

''मगर मैंने आज तक अपना हाथ तोड़ नहीं पाया हूँ।''

''अब उसकी कोई जरूरत नहीं है। मुझे अब तुम्हारे उस मजबूत हाथ की जरूरत है।''

यह सुन कर मैं कहता हूँ, ''धन्यवाद।''

❑

# वह बूढ़ा आदमी

रास्ते से आते जाते उनकी नजर पड़ ही जाती है। नजर पड़ती है उस साईनबोर्ड पर। साईनबोर्ड पर बड़े-बड़े अक्षरों में लिखा है: आनंदधाम। उसके नीचे लिखा है: सरकार द्वारा अनुमोदित। रजिस्ट्रेशन नंबर...। उसके नीचे यह लिखा है: हम लोग बे-सहारे वृद्धाओं की सेवा करते हैं। उनका दाह संस्कार व श्राद्ध के काम को भी बेहतर तरीके से सुसम्पन्न किया जाता है। संपर्क करें। टेलीफ़ोन नंबर....पड़ोस के लोगों की ज़ुबान से वे इस आनंदधाम के मालिक की प्रशंसा बहुत सुन चुके हैं। सभी का कहना है, आनंदधाम का मालिक बहुत अच्छा है। उन्हें भी एक दिन यहाँ आने की इच्छा है। इन दिनों इनकी तबियत ठीक नहीं चल रही है। यहाँ आने पर ये लोग सही व्यवस्था कर देते हैं। इनके हाथों में बस एक मोटी रकम रखने की जरूरत होती है, उसके बाद निश्चिंत हो जाइए। तबियत बिगड़ने पर यही लोग डॉक्टर को बुलाते हैं। ये लोग सामने आकर खुद ही सेवा जतन करते हैं। मर जाने पर यही लोग दाह संस्कार भी करते हैं। यही लोग उसके बाद श्राद्ध भी कराते हैं। इसके लिए बेटा-बहु और बेटी की कोई जरूरत नहीं रहती है। यह सब सोच कर मरने के पहले वह बूढ़ा आदमी आखिरी बार के लिए अपने दोनों बेटे और बेटी से मिलना चाहता है। इसके साथ ही वे अपने नाती-पोते और नातिन-पोतियों को एक बार देखना चाहता है। बीच-बीच में उनके लिए इनका मन बहुत परेशान हो उठता है। इन्हें रूक-रूक कर उनके लिए बहुत कष्ट होने लगता है। प्यार-दुलार बहुत ही कठिन वस्तु है। इसलिए तो वे बहुत बेचैन होकर उनको फ़ोन करते हैं। बड़ा बेटा अहमदाबाद में रहता है। छोटा बेटा मुंबई में रहता है। बेटी बांग्लादेश में रहती है। वे रूखे स्वर में इनको यही कहते हैं, तुम लोगों को देखे कितने दिन हो गए हैं। तुम लोगों को अंतिम बार के लिए देख लेना चाहता हूँ। मैं इस उमर में अब तुम लोगों के पास आ नहीं सकता। तुम लोग ही एक बार के लिए मेरे पास आ जाओ। मरने से पहले मैं तुम लोगों को एक बार जी भर कर देखना चाहता हूँ। तुम लोगों से मुझे और कुछ भी नहीं चाहिए। मेरा यह अंतिम अनुरोध है, मेरी इस बात को तुम लोग

मान लो। मगर उन लोगों का हर बार बस एक ही उत्तर होता है: अभी हम लोग बहुत व्यस्त हैं। आ नहीं सकते हैं। मरने का दिन तारीख और समय बता देते तो, हमें आने में सुविधा होगी। हजार असुविधाओं में पड़ कर वे लोग आएँगे। मगर समस्या यह है कि वह आज तक अपने मरने का दिन और तारीख बेटों को नहीं बता सके हैं। मगर कैसे बताएँगे? क्या कोई अपने मरने का दिन और समय जान सका है? एकमात्र महापुरुष ही यह जान पाते हैं? सुना जाता है कि ईसा मसीह अपने मरने का दिन और समय जान गये थे। विवेकानन्द भी अपनी मृत्यु को जान गए थे। और भी न जाने कितने लोग हैं जो अपनी मृत्यु को जानते थे। ये महापुरुष तो नहीं हैं जो अपनी मृत्यु को जानेंगे? मगर यह जानने की कोशिश तो कर ही सकते हैं। हो सकता है कोशिश करने से वे भी अपनी मृत्यु को जान जाएँ। ईश्वर ही उनको बता देगा। हो सकता है सपने में आकर वह कभी बता जाएँ, नहीं तो वे किसी डॉक्टर के पास जायेंगे, या नहीं तो वे किसी ज्योतिषी के पास जायेंगे। किसी तांत्रिक के पास जायेंगे। तांत्रिक भी कभी-कभी मृत्यु का सच बता देते हैं। वे लोग बता ही सकते हैं। हाँ, अब ये अपनी मृत्यु का समय जानने के लिए इनके पास ज़रूर ही जायेंगे। सुनना चाहेंगे कि ये लोग मेरी मृत्यु के विषय में क्या कहते हैं।

चलो, एक उपाय तो उनके दिमाग में आया। इस खुशी में वह बेचैन होकर कह उठते हैं-किरिंग किरिंग। ऐसा कहना उनके बचपन की आदत है। जब वे किसी बात से बहुत खुश होते हैं तो ऐसा कह उठते हैं। मन के अंदर बहुत कष्ट होने पर भी वे यही कहते हैं। ऐसा कहना उनका स्वभाव है। चिंता की कोई बात नहीं है वह अक्सर ही ऐसा कहते रहते हैं।

वे बहुत दिनों तक भगवान का इंतजार करते हैं। पर ईश्वर उनकी कोई सहायता नहीं करता है। सपने में आकर भी यह नहीं बताता कि उनकी मृत्यु कब है? इससे वह ईश्वर से नाराज़ होकर एक डॉक्टर के पास जाते हैं। वह डॉक्टर उनका बहुत पुराना परिचित है। डॉक्टर उन्हें देखते ही मुस्कुराते हुए कहता हैं, ''आइए, बैठिए, कहिए कैसे हैं?''

वे बैठते हुए कहते हैं, ''आपके पास मैं बहुत जरूरी काम से आया हूँ?''

''कैसा जरूरी काम?''

''मेरी जाँच करके आप यह बताएँ कि मैं कब मरूँगा? क्या आप यह बता सकते हैं?''

डॉक्टर कहते हैं, ''नहीं, यह मैं नहीं बता सकता। अगर मैं बता भी सकूँ तो मेरा ऐसा कहना उचित नहीं होगा। कारण कि हम डॉक्टर मनुष्य को जीने की बातें कहते

हैं। उसके मरने की बातें नहीं कह सकते हैं।''

वे कहते हैं, ''यह सब बकवास बातें हैं। आप लोग अक्सर अपने रोगी को देखकर उनके परिवार के लोगों को यह कहते हैं कि आप लोग रोगी को अधमरा करके मेरे पास लाए हैं। यह तो अब हफ़्ता-दस दिन भी नहीं बच पाएगा। कभी-कभी रोगी को देखकर उसके परिजनों को यह भी आप लोग कह देते हैं कि अब यह एक महीना भी नहीं बचेगा। जो कुछ भी खाना चाहता है इसे खिलाते रहिए, जो कुछ भी पीना चाहता है पिलाते रहिए। डॉक्टर विधानचंद्र राय के बारे में ऐसी ही बहुत सी बातें सुनी जाती हैं।''

डॉक्टर हंसते हुए कहता है, ''मगर मैं कोई डॉक्टर विधानचंद्र राय नहीं हूँ। मैं एक साधारण-सा डॉक्टर हूँ। मैं आपको देखते हुए यह बता सकता हूँ कि आप अभी काफ़ी दिनों तक जीवित रहेंगे।''

यह सुनकर वे और भी कौतूहल से उससे पूछते हैं, ''आखिर कितने दिनों तक?''

''तब आप वहाँ लेट जाइए।''

वह एक टेबल पर लेट जाते हैं। डॉक्टर उनके आँख, गला, पीठ और छाती का चेकअप करने के बाद कहता है, ''अब आप उठ कर बैठ जाइए। चिंता की कोई बात नहीं है, अभी तो आप दो-चार साल आराम से हँसते-खेलते जीएँगे।''

वे टेबल से उतरने के बाद कहते हैं, ''मेरी हार्ट की अवस्था अभी कैसी है?''

''फिलहाल आपके हार्ट की अवस्था अभी बिल्कुल सही है। मगर, इंसान का हार्ट बहुत ही गोल-माल होने वाला यंत्र है। आज अच्छा है तो कल बिगड़ भी सकता है। यह भी हो सकता है कि आप नींद में हो और आपकी मौत हार्टअटैक होने से हो जाए। हार्ट के विषय में ठीक से कुछ भी नहीं कहा जा सकता है।''

''हाँ डॉक्टर, मैं नींद की अवस्था में इसी तरह मर जाना चाहता हूँ।''

''इसके लिए आप ईश्वर को याद कीजिए। मैं कुछ नहीं कर सकता।''

ईश्वर पर उन्हें कुछ देर पहले गुस्सा आया था। मगर अब वे खुशी से भगवान को बुलाते हुए कहते हैं, ''किरिंग किरिंग।।''

यह मालूम नहीं हो सका; डॉक्टर उनके मृत्यु का दिन और समय नहीं बता सके। इसके बाद वे एक बहुत बड़े ज्योतिषी के पास आ कर हाज़िर होते हैं।

ज्योतिषी उनसे पूछते हैं, ''आप क्या जानना चाहते हैं?''

वे कहते हैं, ''मैं अपनी मृत्यु का समय जानना चाहता हूँ।''

''आप अपने साथ टिपन लाए हैं?''

वे टिपन शब्द का अर्थ नहीं समझ पाते हैं। तभी तो वे कहते हैं, ''टिपन मतलब?''

''टिपन जन्म कुण्डली को कहते हैं। कुंडली को अंग्रेजी में हॉरोस्कोप कहा जाता है। वह अपने साथ लाए हैं क्या?''

वे शरमाते हुए कहते हैं, ''मेरी कोई कुंडली नहीं है।''

''तब आप अपने जन्म का वर्ष बताइए? जन्म का महीना बताइए? जन्म की तारीख बताइए? जन्म का समय और वह स्थान बताइए।''

एक-एक करके वे इसका उत्तर देने लगते हैं। ज्योतिषी भी वह सब कुछ लिखने लगता है। पूरा लिख लेने के बाद वह एक किताब खोलकर उसमें से कुछ देखता हैं। एक खाका बनाता है। उस खाका के विभिन्न घरों में ग्रहों को बैठाता है। कुछ हिसाब करने लगता है। हिसाब करने के बाद कहता है, ''पन्द्रह दिन बाद आप पर कोई बहुत बड़ी मुसीबत आने वाली है। जिसे काट पाना बहुत कठिन है। अगर इससे निकल गए तो पैंतालिस दिनों के बाद और एक फाड़ा (ग्रह) आपको बहुत मुसीबत में डालने वाला है। मगर इससे बच पाना बहुत ही मुश्किल है। उस दिन मृत्यु का योग आप पर बहुत भारी है। आप अगर महाशक्ति कवच धारण कर लेंगे तो यह महाभारी मृत्यु योग कट जायेगा। इस कवच का मूल्य दस हजार रुपये हैं। अब आप बताएँ क्या कीजिएगा? क्या आप अपना मृत्यु योग कटवाना चाहते हैं?''

''नहीं। मैं अपने जीवन में बहुत सारे मृत्यु योगों को काट चुका हूँ। अब इसे हाथ से जाने देना नहीं चाहता। मेरा बस आपसे एक ही प्रश्न है।''

''कैसा प्रश्न?''

''उस दिन मैं मरूँगा तो?''

''अवश्य ही।''

''तब आप मुझे मेरे मरने का वह दिन, महीना, तारीख और वह समय एक कागज़ पर लिख कर दे दीजिए।''

ज्योतिषी एक कागज़ पर यह सब कुछ लिख देता है। जिसे लेकर वे अपनी जेब में रखते हैं और अपने घर चले आते हैं। घर आकर वे कैलेंडर में उस तारीख के नीचे लाल रंग से निशान लगा देते हैं। फिर वह अपने दोनों बेटे और बेटी को फ़ोन करते हैं। उन लोगों को उस ज्योतिषी की भविष्यवाणी की बातें बताते हैं। मगर दुख का कारण यह है कि उनमें से कोई भी ज्योतिष शास्त्र पर विश्वास नहीं करता है। उनके लिए ज्योतिष शास्त्र एक मज़ाक है। अतएव ज्योतिषी द्वारा कथित उस मृत्यु के दिन को वे आ नहीं सकते हैं। इस बात से वह समझ जाते हैं कि मरने के पहले बेटा-बेटी, नाती-नतिनों को अपनी आँखों से देखना अब उनके नसीब में नहीं है। वे

अपने मन के इस दुख में चिंतित होकर कह उठते हैं-किरिंग किरिंग।

ज्योतिषी के भविष्यवाणी के अनुसार पन्द्रह दिनों के बाद वह फाड़ा (ग्रह) आ रहा है। देखते-देखते वह पन्द्रह दिन निकल जाता है। उन्हें किसी भी तरह की कोई दुर्घटना का आभास नहीं होता है। उनकी यह धारणा थी कि हो सकता है वे बीमार पड़ें, रास्ते में सिर चकराये, जिससे से वे गिर पड़ें या यह हो सकता है कि उनको हल्का-सा हार्टअटैक आएगा। मगर उनके साथ ऐसा कुछ भी नहीं होता है। वे मस्ती से चलते-फिरते रहते हैं। उस ज्योतिषी के ऊपर उनको संदेह होता है। उसके बाद जब पन्द्रह दिन और भी निश्चिंत से कट गया, तब उस ज्योतिषी पर संदेह की मात्रा और बढ़ गई। उसके बाद भी पन्द्रह दिन इसी तरह मस्ती से कट गया। उनको कुछ भी नहीं होता है। यहाँ तक कि उनके सिर में दर्द भी नहीं होता है। उनको यह समझ में आता है कि बेटा-बेटी गलत नहीं कह रहे थे। उनका कहना सच ही है। ज्योतिषी की बातों पर विश्वास करना सही नहीं है। सच ही ज्योतिषी की बातों पर विश्वास करना मूर्खता है। सचमुच ही ज्योतिषी शास्त्र एक मज़ाक है? पर अब वह क्या करें? बेटा-बेटी, नातिन, नाती-पोता ये लोग ऐसे नहीं आएँगे। उनसे मिलने के लिए अपनी मृत्यु का समय-काल जानना ही होगा। वह जानकारी विश्वास योग्य होनी चाहिए। नहीं तो वे लोग भला मेरे पास क्यों आएँगे? किस भरोसे से वे लोग आएँगे? वे इतनी दूर से कष्ट करके आने के बाद भी इनकी मृत्यु नहीं देख पाए तो यह मामला और भी खराब हो जाएगा। उनको बहुत गुस्सा आएगा। हो सकता है, वे भविष्य में इनका मुंह कभी देखना न चाहें। क्या यह अच्छा होगा?

मगर वह अपनी मृत्यु का दिन-काल जानेंगे कैसे? डॉक्टर तो कुछ बता नहीं पाया। ज्योतिषी का कहना सही नहीं हुआ। तो अब वे किसके पास जाएँ? बहुत कुछ सोचने विचारने के बाद एक दिन वह एक साधु के पास जाकर हाज़िर होते हैं। साधु बाबा को प्रणाम करने के बाद हाथ जोड़कर उससे कहते हैं, ''बाबा, मैं एक समस्या में हूँ।''

साधु बाबा अपने चेहरे पर एक मृदुल मुस्कान लाते हुए कहते हैं, ''कैसी समस्या है?''

''मेरा बेटा-बेटी और नाती-पोता मुझसे बहुत दूर रहते हैं। बहुत वर्षों से उनको देखा नहीं। उन लोगों को देखने का बहुत मन करता है। मगर वे लोग बहुत व्यस्त हैं। उन लोगों का कहना है कि हम अभी आ नहीं सकते हैं। वे लोग मेरे मरने के समय ही मुझसे भेंट करेंगे। मगर मैं अपनी मृत्यु का समय कैसे जानूँ? आप तो त्रिकालदर्शी हैं। आपसे तो कुछ भी अनजान नहीं है। मैं आपके पास अपनी मृत्यु का

दिन, काल और समय जानने आया हूँ। आप अगर मुझपर दया कर के यह बता देंगे तो मेरा बहुत बड़ा उपकार होगा। मैं अपनी संतान को अपनी मृत्यु का वह समय बता दूँगा। मेरे बच्चे जब यह जान लेंगे तो मुझसे मुलाकात करने आ जायेंगे।'

'साधु बाबा कहते हैं, "तुम किसकी मृत्यु की बात कर रहे हो?"

"मैं अपनी मृत्यु की बात कर रहा हूँ।"

"तुम्हारा जन्म हुआ है कि तुम्हारी मृत्यु होगी?"

उनको साधु बाबा की बात समझ में नहीं आती है वे फिर पूछते हैं, "इसका मतलब बाबा?"

"मतलब जिसका जन्म ही नहीं हुआ है, उसकी मृत्यु कैसी?"

"आप यह क्या कह रहे हैं बाबा! मेरा जन्म नहीं हुआ है?"

"नहीं, तुम्हारा जन्म नहीं हुआ है। इसलिए तुम्हारी कोई मृत्यु नहीं है।"

"तब मेरा यह शरीर!"

"यह तुम्हारा भ्रम है। सिर्फ तुम ही नहीं, हम सभी इस भ्रम में हैं। हमलोगों का जन्म लेना, हमारा बड़ा होना, हमलोगों की शादी-ब्याह, हमलोगों का मृत होना, असल में यह सब एक भ्रम है। हम लोग कहीं भी नहीं हैं, फिर भी हम लोग यह सोचते हैं कि हम लोग हैं। अतः अपनी मृत्यु को लेकर चिंता न करो।"

वे साधु बाबा की कही बातें ठीक से समझ नहीं पाते हैं। बस उन्हें इतना ही समझ में आता है कि मृत्यु के समय, काल को लेकर चिंतित होने की कोई जरूरत नहीं है। सब कुछ जैसा चल रहा है, वैसा ही चलता रहेगा।

मगर एक रात एक साधु इनके सपने में आकर कहते हैं, तुम अपनी मृत्यु का समय-काल जानने के लिए बहुत व्याकुल हो गये हो। ऐसा है, तब तुम यह सुन लो, अगले महीने की सात तारीख को तुम्हारी मृत्यु निश्चित है। यह कहने के बाद साधु बाबा अदृश्य हो जाते हैं। अब इनकी नींद खुल जाती है। वह बत्ती जलाकर कैलेंडर में तारीख देखने लगते हैं। आज महीने की दस तारीख है। अगले महीने की सात तारीख आने में अभी बहुत देरी है। बेटा-बेटी को खबर देने पर वह ठीक समय पर आ सकेंगे। वे उस महीने की सात तारीख के नीचे लाल रंग का निशान लगाते हैं। निशान लगाते हुए उनको ऐसा लग रहा था, सपना अक्सर ही सच हो जाता है। उनका यह सपना सच हुआ तो! हो ही सकता है।

वे अपने मन में इसी खुशी में कह उठते हैं- किरिंग किरिंग।

वे अपने बड़े बेटे को फ़ोन करते हैं, "अब चिंता की कोई बात नहीं है।"

बेटा जानना चाहता है, "कैसी चिंता?"

‘‘मैं अपनी मृत्यु की तारीख जान गया हूँ। अगले महीने की सात तारीख को मैं मरने वाला हूँ।’’

‘‘आपको यह जानकारी कैसे मिली?’’

‘‘सपने से जाना हूँ। तुम आओगे तो? कुछ दिन पहले ही आ जाना। तुम लोगों को कितने वर्षों से देखा नहीं हूँ। तुम लोगों को देखने का बहुत मन करता है। मैं अब तुम लोगों के पास नहीं आ सकता। मेरा यह शरीर अब किसी तरह की परेशानी सहन नहीं कर सकता है।’’

बड़ा बेटा यह बातें सुनने के बाद कहता है, ‘‘सात तारीख को मैं आ नहीं सकूँगा, मुझे ऐसा लग रहा है। ऑफ़िस में अभी काम का बहुत बोझ है। हो सकता है उस समय मुझे ऑफ़िस के किसी काम से कहीं बाहर जाना पड़े। उस तारीख को क्या बदला नहीं जा सकता है?’’

वे कहते हैं, ‘‘मैं इसे कैसे बदलूँगा? सपने में तो मुझे यह तारीख मिली है। यह बदला नहीं जा सकता!’’

‘‘तब आप एक काम कीजिए।’’

‘‘क्या?’’

‘‘आप मरने के पहले किसी दाह-संस्कार समिति को यह खबर दे कर रखिए। मैं अपने ऑफ़िसर को बोल-कर उस दिन आने की ज़रूर कोशिश करूँगा। मगर अधिक दिनों तक रह नहीं सकूँगा। मैं दूसरे दिन ही वापस चला जाऊँगा।’’

‘‘तब मेरे श्राद्ध का क्या होगा?’’

‘‘आजकल अब कोई श्राद्ध का झमेला नहीं रखता। किसी पुरोहित को श्राद्ध योग्य मूल्य देकर श्राद्ध के काम से निपटारा कर लिया जाता है। आप इस बारे में कुछ नहीं सोचें। मगर उस दिन मैं कैसे आऊँगा मुझे यह समझ में नहीं आ रहा है! देखता हूँ क्या किया जा सकता है। अगर मैं उस दिन आ नहीं सकूँ तो इसके लिए आप बुरा नहीं मानियेगा।’’

‘‘अच्छा!’’ कहकर वे फ़ोन रख देते हैं। वह समझ जाते हैं अपनी मृत्यु से पहले बड़े बेटे के आने की कोई संभावना नहीं है।

अब वे अपने मझले बेटे को फ़ोन करते हैं। उसे कहते हैं, ‘‘अगले महीने की सात तारीख को मैं मर रहा हूँ। तू आयेगा तो?’’

मझला बेटा कहता है, ‘‘मैं एक मामले (केस) में फँस गया हूँ। अगले महीने की सात तारीख को उसकी सुनवाई है। उस दिन मुझे अदालत में हाज़िर रहना होगा। कोई उपाय नहीं है। इसलिए मैं उस तारीख को आ नहीं सकूँगा। आप दाह-संस्कार समिति को इसकी खबर देकर अपने संस्कार की व्यवस्था खुद ही करा लीजिए,

समझें?''

''हाँ समझा।'' इतना कह वह फ़ोन रख देते हैं। उनको यह बात समझ में आ जाती है कि मझला बेटा भी सात तारीख को आ नहीं पाएगा।

अब वह अपनी बेटी को फ़ोन करते हैं। उससे कहते हैं, ''मैं अगले महीने की सात तारीख को मर जाऊँगा। तू क्या उस दिन आ सकेगी?''

बेटी कहती है, ''उस दिन मेरे बेटे की परीक्षा है। मैं उस दिन आ नहीं सकती। आप किसी अन्य दिन मरने की व्यवस्था करें?''

''मृत्यु तो मेरे हाथ में नहीं है। सपने में इस तारीख को पाया हूँ। इसलिए तुझे वह तारीख बता रहा हूँ।''

''मगर उस दिन तो मैं आ नहीं सकूँगी। आप भैया को कह दीजिए वे लोग ज़रुर आ जाएँगे।''

''तेरे भईया को मैंने कहा है। तेरे भाईयों के पास भी उस दिन समय नहीं है। उस दिन वे बहुत व्यस्त हैं। इसलिए तेरा कोई भाई उस दिन आ नहीं सकता?''

''ऐसा है, तब कुछ करने का नहीं है। आप अपने दाह-संस्कार की व्यवस्था खुद ही कर के जाईयेगा। समझें?''

''समझा।'' यह कह कर वह फ़ोन रख देते हैं। उनको अब यह समझ में आ जाता है, उस दिन बेटी भी नहीं आ सकती है। अब वह लंबी सांस छोड़ते हुए सोचने लगते हैं-मैं अपनी इन संतानो को कितने कष्ट से पाल-पोष कर बड़ा किया हूँ। लिखना-पढ़ना सीखाया हूँ। शादी-ब्याह किया हूँ। मगर आज यही संतान मेरी मृत्यु के समय मेरे आँखों के सामने आकर खड़ा होना नहीं चाहते। यह मेरी किस्मत है।

वे अपने मन के इन कष्टों से बेचैन हो कर अचानक कह उठते हैं-किरिंग किरिंग।

मृत्यु के समय बेटा, बेटी में से कोई भी उनके पास नहीं रहेगा। अत: उन्हें अपने दाह-संस्कार की व्यवस्था खुद ही करनी होंगी। एक दिन वह चलते-चलते मोहल्ले के आनंदधाम में जाकर हाज़िर होते हैं। रिसेप्शन पर एक महिला बैठी थी। वे महिला से पूछते हैं, ''आनंदधाम के मालिक का क्या नाम है?''

महिला कहती है, ''सुजीत कुमार बसु।''

वे कहते हैं, ''मैं मिस्टर बसु से एक बार मिलना चाहता हूँ।''

महिला कहती है, ''आप सीढ़ी से दूसरी मंज़िल पर चले जाइए। उस मंज़िल पर जाते ही दाहिनी तरफ़ एक कमरा आपको मिलेगा। वही सुजीत कुमार बसु जी का कमरा है।''

''वे अभी कमरे में हैं क्या?''

''हाँ हैं।''

वे बात आगे और न बढ़ाकर दूसरी मंज़िल पर चल पड़ते हैं। देखते हैं-दाहिनी तरफ़ के एक कमरे के दरवाज़े के एक किनारे नेमप्लेट लगी है। उस पर लिखा है-सुजीत कुमार बसु। वे दरवाज़ा खोलकर अंदर जाते हैं। एक आदमी चेयर पर बैठा किसी से फ़ोन पर बातें कर रहा था। इन्हें देखकर वह फ़ोन रख देता है। फ़ोन रखते ही पूछता है, ''किससे मिलना है?''

वे जानना चाहते हैं, ''क्या आप ही सुजीत कुमार बसु जी हैं?''

''हाँ, मैं ही हूँ। आप बैठिए।''

वे अब सुजीत कुमार बसु के सामने कुर्सी पर बैठ जाते हैं। बैठने के बाद कहते हैं,' मैं इसी मोहल्ले में रहता हूँ। मेरे दो बेटे और एक बेटी है। वे लोग मुझसे बहुत दूर रहते हैं। अगले महीने की सात तारीख को मैं मर जाऊँगा। पर उस दिन उन लोगों में से कोई भी नहीं आ सकेंगे। इसलिए मैं आप के पास आया हूँ। क्या आप उस दिन मेरी अंतिम संस्कार की व्यवस्था कर सकते हैं? अंतिम संस्कार के बाद श्राद्ध का भी काम आपको ही करना होगा।''

सुजीत बसु हंसते हुए कहते हैं, ''हमलोगों के पास जब आप आ गये हैं तो चिंता करने की कोई जरूरत नहीं है। हम लोग आपकी सारी इच्छा पूरी कर देंगे। मगर आप सात तारीख को मर रहे हैं, यह कैसे मालूम हुआ?''

''सपने में एक साधु के कहने से मैं यह तारीख जाना हूँ।''

''धत्! सपना भी कभी सच होता है क्या? यह सब बेकार की बातें हैं। फिर भी आप अपना नाम और पता फ़ोन नंबर के साथ हमें देकर जाइए। हमारे आदमी बीच-बीच में आपके पास जाते रहेंगे। आपकी खोज-खबर लेते रहेंगे। जरूरत पड़ने पर हम लोग अपने डॉक्टर से आपका इलाज भी करायेंगे।''

''आप नहीं आइएगा?''

''आऊँगा। बीच-बीच में मैं भी आता रहूँगा। आप इसकी चिंता न करें।''

वे अब पूछते हैं, ''इस काम के लिए कितना खर्च करना पड़ेगा?''

''आपके दाह-संस्कार करने में अधिक खर्च नहीं है। सबसे अधिक खर्च श्राद्ध करने में है। आप अपने खुद के श्राद्ध में कितने लोगों को भोजन कराना चाहेंगे?''

''तकरीबन पचास लोगों को।''

''ऐसा है तब डॉक्टर का खर्च, दाह-संस्कार, क्रिया-करम का खर्च, पुरोहित का खर्च, श्राद्ध में लोगों को भोजन कराने का खर्च, यह सब कुल मिलाकर तकरीबन पचास हजार रुपये लगेंगे।''

यह खर्च सुन कर वे चौंक जाते हैं, "पचास हजार!"

"हाँ, पचास हजार। इससे कम में नहीं होगा। इतना कहने के बाद सुजीत बाबू पूछते हैं, "आप ब्राह्मण हैं या कायस्थ हैं?"

"मैं ब्राह्मण हूँ।"

"तब तो पचास हजार में काम नहीं होगा। साठ हजार लगेंगे।"

"ऐसा क्यों?"

"क्योंकि आप लोगों के लिए अलग व्यवस्था है, आप लोगों के लिए नियम-कानून अलग हैं। इसमें खर्च थोड़ा अधिक करना पड़ता है।"

वे अब और मोलभाव नहीं करते हैं। कहते हैं, "ठीक है। मैं साठ हजार दे दूँगा। यह पैसे कैसे देने है, नगद या चेक से?"

"चेक से दे दें।"

"मैं कल ही चेक दे जाऊँगा। कल आप ऑफ़िस में रहिएगा तो?"

"हाँ, मैं रहूँगा।"

"ठीक है तो अब मैं जा रहा हूँ।" इतना कह वे उठ खड़े होते हैं।

"अच्छा तो अब आप जा सकते हैं।" कह कर सुजीत बाबू भी उठ खड़े होते हैं। खड़े-खड़े ही कहते हैं, "आप किसी भी तरह की कोई दुश्चिंता न रखें। हम लोग सब समय ही आप लोगों की सेवा के लिए तत्पर हैं। मरने के बाद आप लोगों की आत्मा बिना कोई बाधा झेले सरलता से स्वर्ग लोक में जा सके, और वहाँ पहुँचकर सुख शांति से रह सके, इसके लिए हम लोग अथक कोशिश करते रहते हैं।"

"धन्यवाद!" यह कहकर वे ऑफ़िस से बाहर निकल पड़ते हैं। वहाँ से बाहर निकलने के बाद वे खुद को चिंता मुक्त पा रहे थे। हाँ, अब उन्हें सोचने की कोई जरूरत नहीं है। अपने अंतिम संस्कार और श्राद्ध के लिए अपने बेटे और बेटी पर निर्भर होने की कोई जरूरत नहीं है। आनंदधाम ही यह सब व्यवस्था कर देगा।

दूसरे दिन आनंदधाम जाकर वे सुजीत बाबू के हाथों में साठ हजार रुपये का चेक रख देते हैं। सुजीत बाबू चेक को दराज़ में रखने के बाद एक रजिस्टर में उनका नाम, पता और फ़ोन नंबर लिख लेते हैं। इसके साथ ही वे इनके दोनों बेटे और बेटी का नाम-पता और फ़ोन नंबर भी लिख लेते हैं। इसके साथ ही दो-चार परिजनों का नाम, पता और फ़ोन नंबर भी लिख लेते हैं। यह सब कुछ लिख लेने के बाद सुजीत बाबू उनसे कहते हैं, "अब आप निश्चिंत होकर अपने घर जाइए। अब आपको किसी भी तरह की चिंता करने की कोई जरूरत नहीं है।"

वे खुशी से घर लौटने के बाद इसी खुशी में कह उठते हैं-किरिंग किरिंग।

उनके मरने की बात अगले महीने सात तारीख को तय है। देखते-देखते वह महीना भी आ जाता है। सात तारीख भी आ गया। आनंदधाम के सुजीत बाबू एक बार सुबह में आकर उनसे मुलाकात कर गए हैं। दो-चार बातें किए हैं। वे समझ गये हैं कि ये अभी स्वस्थ हैं। उनकी मृत्यु की अभी कोई संभावना नहीं है। फिर भी दोपहर बारह बजे के लगभग इन्हें देखने के लिए एक डॉक्टर भेज देते हैं। डॉक्टर को इनके परीक्षण करने के बाद मृत्यु का कोई लक्षण नहीं दिखता हैं। नहीं दिखने पर भी सुजीत बाबू निश्चिंत नहीं रह पाते हैं। इनकी देखभाल के लिए एक आदमी को भेज देते हैं जो दिन भर इनके साथ रहेगा। ऐसा करने की कोई जरूरत नहीं थी। मगर वे मना भी नहीं करते हैं। वह आदमी जब आ गया है तो साथ में ही रहे। उसके साथ दो-चार बातें करते हुए समय तो बीत जाएगा।

वे उस आदमी के साथ बातचीत करते हुए उसके साथ ही भोजन करते हैं। फिर विश्राम करते हैं। सुजीत बाबू के उस आदमी को अपने साथ लेकर वे शाम को पार्क भी गये, वहाँ जाकर कुछ देर वे अपना समय व्यतीत करते हैं। अंधेरा होने पर वे वहाँ से घर लौट आते हैं। फिर उस आदमी को अपने साथ लेकर टीवी देखने बैठ जाते हैं। उसी समय उनके बड़े बेटे का फ़ोन आता है। बेटे का पहला प्रश्न :

"आप कैसे हैं?"

"ठीक हूँ।"

"मैं बहुत चिंतित था।"

"चिंता करने की कोई बात नहीं है। मैं अभी स्वस्थ हूँ।"

"तब मैंने नहीं आकर अच्छा ही किया। जाने के बाद मेरे काम का बहुत नुकसान हो जाता। फिर आपकी मृत्यु भी तो नहीं हुई। मगर हम लोग जल्दी ही आएँगे। हम सभी लोग एक साथ, एक दिन तय करके आपके पास आएँगे। आने का दिन बाद में हम आपको फोन पर बता देंगे। मगर उस दिन आपको मरना होगा। क्योंकि पैसे खर्च करके आने के बाद भी अगर आपकी मृत्यु नहीं हुई तो हम लोगों का पैसा पानी में बह जाएगा। यह बात याद रखिएगा।"

"ठीक है।" इतना कह वह फ़ोन रख देते हैं।

उसके बाद मझले बेटे का फोन आता है। बेटे का पहला प्रश्न :

"तो आपकी मृत्यु नहीं हुई?"

"नहीं।"

"अभी आपकी तबियत कैसी है?"

"ठीक हूँ।"

"जाने दीजिए। तबियत ठीक रहना ही अच्छी बात है। आज ही मामले की सुनवाई थी, इसलिए मैं नहीं आ सका। मगर आना उचित था। आप बुरा न माने। बाद में मैं किसी दिन आ रहा हूँ। हम सब भाई-बहन वहाँ एक साथ ही आ रहे हैं। आकर हम लोग वहाँ एक साथ खुशी मनाएँगे। उस समय अगर आप मर सकते हैं तो बहुत अच्छा होगा।"

"ठीक है, मैं कोशिश करूँगा।" इतना कह कर वह फ़ोन रख देते हैं।

उसके बाद बेटी का फ़ोन आता है। उसका पहला प्रश्न :

"आप जीवित हैं?"

"हाँ, मैं जीवित हूँ।"

"मैं तो समझी थी, शायद अब तक मर गए हैं। यह बहुत अच्छा है कि आप जीवित हैं। बाद में हम सब भाई-बहन एक साथ मिलकर आपको देखने आएँगे। आने की तारीख हम फ़ोन पर आपको बता देंगे।"

"ठीक है।"

"मगर उस समय आपको मरना ही होगा।"

"कोशिश करूँगा।" इतना कह वह फ़ोन रख देते हैं।

उसके बाद वे उस आदमी को, जो पूरे दिन उनकी देखभाल कर रहा था, सौ रुपये देकर उसकी छुट्टी कर देते हैं। कहते हैं, "जाओ, अब मेरे पास रहने की कोई जरुरत नहीं है। तुम अपने घर जाओ।"

वह आदमी कहता है, "मगर सुजीत बाबू रात को भी आपके साथ रहने के लिए कहे हैं। कहा नहीं जा सकता, कब क्या हो जाए।"

वे कहते हैं, "अब मुझे कुछ नहीं होगा। आप घर जाओ।"

उस आदमी को घर जाने की इच्छा नहीं थी। मगर वह उनके बात को अमान्य नहीं करता है। छुट्टी मिलते ही वह अपने घर चला जाता है।

वे अब मन लगाकर टीवी देखना शुरु कर देते हैं। टीवी देखते-देखते एक समय वे अपने मन-ही-मन खुशी में कह उठते हैं-किरिंग-किरिंग।

सपना कभी-कभी सच होता है। इसका मतलब यह नहीं है कि सब समय ही सच हो जाए। अंततः इनके मामले में तो ऐसा नहीं हुआ।

वे सपना देखे थे कि इस महीने की सात तारीख को मर जायेंगे। इसलिए वे अपने दोनों बेटे और बेटी को अपनी मृत्यु की आगामी सूचना देकर बुलाए हैं। आनंदधाम को रुपये देकर अपने अंतिम संस्कार और श्राद्ध की व्यवस्था किए हैं। मगर सात तारीख को उनकी मृत्यु नहीं हुई। वे जीवित रहे। उनका जीवन जैसा था उसी तरह व्यतीत होने लगा। बेटा और बेटी कभी इनकी खोज खबर नहीं लेते थे।

आनंदधाम के सुजीत बाबू अब इनकी खोज-खबर लिया करते हैं। बीच-बीच में वे इनको फ़ोन भी करते हैं। कभी-कभी वे खुद ही मिलने इनके घर आ जाते हैं। बीच-बीच में वे किसी डॉक्टर को भेज देते हैं। डॉक्टर इनके शरीर का चेक-अप कर चला जाता हैं। जरूरत पड़ने पर दवा देता है। जिसके कारण इन्हें अब और कोई चिंता नहीं है। इनके पास बेटा-बेटी या आत्मीयस्वजन नहीं है तो क्या हुआ! आनंदधाम के सुजीत बाबू तो हैं।

अचानक एक दिन बड़े बेटे का फ़ोन आता है। वह कहता है:

''हम सभी लोग क्रिस्मस-डे में कोलकाता आ रहे हैं। एक सप्ताह रहेंगे। फिर लौट आएँगे।''

''बहुत अच्छा।''

''हमारे आने तक आप जीवित रहिएगा।''

''मरने की बात कही नहीं जा सकती है। मगर तुम लोगों के आने तक मैं न मरूँ यह कोशिश करूँगा।''

''किस तरह की कोशिश कीजियेगा?''

''डॉक्टर से चेकअप करा कर स्वस्थ रहने की कोशिश करूँगा। डॉक्टर जो कहेंगे मैं मानूँगा। इससे अधिक मैं कुछ नहीं कर सकता हूँ।''

''यही सही है। ऐसा ही कीजियेगा। ताकि हम लोग आपकी मृत्यु अपनी आँखों से देख सकें। बाद में हम लोगों से यह कह सकें कि पिता के मरते समय हम दो भाई बहन उनके आँखों के सामने उपस्थित थे। पिता के मरते समय उपस्थित नहीं रहना, यह ठीक नहीं है। लोग तरह-तरह की बातें करेंगे। कहेंगे कि बाप के मरते समय भी हाज़िर नही हो सका, इतनी व्यस्तता थी!''

''तुम लोगों को इतनी चिंता नहीं करनी होगी। दिसंबर महीने के अंतिम सप्ताह में मुझे मरना होगा। यही असली बात है। है न?''

''हाँ।''

''तो अब मेरे मरने की तारीख भी तुम्हीं लोग तय कर दो।''

''हम सभी लोग पच्चीस दिसंबर को कोलकाता जायेंगे। छब्बीस तारीख को हम लोग विश्राम कर लेंगे। आप अगर चाहें तो सत्ताईस तारीख को मर जाइयेगा।''

''कोशिश करूँगा।'' यह कह कर वह फ़ोन रख देते हैं।

कुछ देर बाद मझले बेटे का फ़ोन आता है। वह कहता है:

''भैया से मैंने सभी बातें सुन ली है?''

''ठीक है।''

''तब हम पच्चीस दिसंबर को आ रहे हैं। छब्बीस को हम विश्राम कर रहे हैं।

सत्ताईस तारीख को आप मर रहे हैं। यही है न?''

''हाँ, यही बात हुई है।'' इतना कहने के बाद वह और आगे कोई बात न कह कर फ़ोन रख देते हैं।

कुछ देर बाद बेटी का फ़ोन आता है। वह कहती है:

''सुनने में आया है कि सब कुछ तय हो गया है?''

''हाँ।''

''आप सत्ताईस दिसंबर को सच में ही मर रहे हैं?''

''इच्छा तो यही है।''

''मैं, आपके जमाई और नाती को साथ लेकर सोची थी केरल घूमने जाऊँगी। पर यह अब नहीं होगा।''

''मेरे लिए सोचने की कोई जरूरत नहीं है। तुम लोग केरल घूमने जाओ। बाद में सब बातें अपने भाईयों से सुन लेना।''

''ऐसा नहीं हो सकता हैं। मैं आपकी एकमात्र बेटी हूँ। आपके मरते समय आपके पास नहीं रहूँगी तो दुनिया क्या कहेगी।''

''यह बात है, तब आ जाना।'' यह कहकर वे फ़ोन रख देते हैं। फ़ोन रखकर अब वह सोचने लगते हैं। अब वह क्या करें? उनको यह आशंका थी कि वे सात तारीख को मर जायेंगे। अपने दोनों बेटे और बेटी को इसकी सूचना दे चुके हैं। वे लोग अपनी विभिन्न ज़रूरतों को बता कर उस दिन आए नहीं। वह भी मरे नहीं। अब उनके दोनों बेटे सत्ताईस तारीख को मरने के लिए कह रहे हैं। ऐसा होने पर उनको सुविधा होगी। वे लोग इनकी मृत्यु के समय इनके पास रह सकते हैं। बेटी को उस समय आने में असुविधा थी। मगर वह अपने भाईयों के दबाव पर अपने केरल जाने के प्रोग्राम को टालने के लिए बाध्य हुई है। वह भी केरल न जाकर कोलकाता आयेगी। मगर समस्या यह है, अगर वह सत्ताईस तारीख को नहीं मरते हैं तो? तब क्या होगा? इनके दुलारे बच्चे इनसे गुस्सा हो जायेंगे। इन्हें कोसते हुए वे लोग लौट जायेंगे। वे प्रति पल यही सोचेंगे- कोलकाता आकर उनका समय नष्ट हुआ, बेकार के पैसे खर्च हुए। वे यह सोचेंगे- इनके पिता अब पहले जैसे नहीं रहे। अपने बच्चों का एक मामूली-सा निवेदन भी नहीं रख सके। यह सोचकर वे बहुत समस्या में पड़ जाते हैं। अब वे क्या करें? अपनी संतान को खुश करने के लिए वे सत्ताईस तारीख को जहर खा लेंगे? या गले में फाँसी लगा लेंगे? नहीं, ऐसा करना ठीक नहीं है। इस तरह आत्महत्या करने से उनके शरीर को लेकर खींचातानी होगी। पुलिस झमेला करेगी, बेटों को जेल उठा ले जाएगी। मेरी बेटी को भी नहीं छोड़ेगी। अत: आत्महत्या करना ठीक नहीं है। मरना है तो स्वभाविक तरीके से ही मरना ठीक

होगा। बेटा या बेटी से डरने की कोई जरूरत नहीं है।

वे अब इस खुशी में कह उठते हैं- किरिंग किरिंग।

उसके बाद वह पच्चीस दिसंबर आ जाता है। पच्चीस दिसंबर आते ही बड़ा बेटा घर आता है, मझला बेटा, छोटी बेटी और नातिन, पोता-पोती भी आते हैं।

नाती कहता है, ''हम यहाँ क्यों आएँ हैं नाना जी कहिए तो?''

वह जानना चाहते हैं-''क्यों कहो तो?''

''आप मरने वाले हैं, इसलिए आपको देखने आएँ हैं।''

वे कहते हैं, ''बहुत ही अच्छा किए जो मुझे देखने आ गए।''

नातिन पूछती है, ''आप कैसे मरिऐगा?''

वे कहते हैं, ''मैं सोए-सोए झट से मर जाऊँगा।''

''क्या आपको कष्ट नहीं होगा?''

''नहीं, मुझे थोड़ा भी कष्ट नहीं होगा।''

बड़ा बेटा कहता है, ''हम लोग बहुत दूर से आए हैं, हमलोगों का मान रख लीजिएगा।''

वे कहते हैं, ''रखूंगा। मगर मरने के पहले बड़ी बहू को देखने का बहुत मन था। उसे क्यों नहीं लाए?''

बड़ा बेटा कहता है, ''वह आना नहीं चाहती। कह रही थी एक आदमी जो बूढ़ा हुआ है वह तो मरेगा ही। इसमें देखने जैसा कुछ भी नहीं है। वह आदमी तुम लोगों के पिता हैं इसलिए तुम लोग ही उसे देखने जाओ। मैं तो उसे मरता देखने नहीं जाऊँगी।''

यह सुनने के बाद वह कहते हैं, ''बड़ी बहू ठीक ही कह रही है।''

मझला बेटा कहता है, ''आप किसी प्रकार की चिंता न करें, अब हम लोग आ गए हैं। अब आप शांति से मर सकते हैं।''

वे कहते हैं, ''तुम्हारा कहना सही है। मगर एक बार मझली बहू को देख लेता तो बहुत खुशी होती। मझली बहू को क्यों नहीं लाए?''

मझला बेटा कहता है, ''आपकी मझली बहू आना नहीं चाहती थी। कह रही थी-तुम्हारे पिता मरने वाले हैं तो मुझे क्या है? मैं नहीं जाऊँगी। इसलिए मैं उसे नहीं लाया।''

यह सुनने के बाद वह कहते हैं, ''मझली बहू का कहना सही है।''

यह सुनने के बाद बेटी कहती है, ''मगर आपका दामाद आना चाह रहा था। मैं ही उसे लेकर नहीं आई। वह यहाँ आकर क्या करता? यहाँ आकर सिर्फ़ भीड़

बढ़ाता।''

वे कहते हैं, ''दामाद को बहुत सालों से देखा नहीं हूँ। एक बार उसको देख लेता तो.... !''

बेटी कहती है, ''दामाद को इसके पहले बहुत बार देखे हैं। उसे अब देखना नहीं होगा। आपके मरने के पहले आपके दोनों बेटे सामने हैं, नातिन, नाती-पोता आपके सामने हैं। अब और आपको क्या चाहिए। अब आप शांति से मर जाइए। हम सभी यही चाहते हैं।''

यह सुनने के बाद अब वह आगे कुछ नहीं कहते हैं। खामोश हो जाते हैं। मन ही मन सत्ताईस तारीख के लिए चिंतित हो उठते हैं। क्या वे सत्ताईस तारीख को मर सकेंगे? वे भगवान से अकेले में प्रार्थना करते हैं, हे भगवान! सभी लोग यही चाहते हैं, देखना मैं सत्ताईस तारीख को ज़रूर मर जाऊँ। तुम उन लोगों की यह आशा ज़रूर पूरी कर देना।

देखते-देखते पच्चीस तारीख गुज़र जाता है। छब्बीस तारीख भी गुज़र गया। सत्ताईस तारीख सामने हाज़िर हो जाता है। सुबह से ही सभी लोग परेशान हो जाते हैं। उन्हें घर से बाहर निकलने नहीं दिया जाता है। उन्हें बिस्तर पर सोए ही रहने दिया जाता है। बीच-बीच में उन्हें बाथरूम जाने की ही अनुमति दी गई। इसके साथ ही उनको वह सब कुछ खाने के लिए दिया जाने लगा, जो वह खाना चाहते थे। कभी वे अपने हाथों से स्वयं ही भोजन करते हैं तो कभी उनका बड़ा बेटा अपने हाथों से उनको खिलाता है। कभी वे माझील बेटे के हाथों से खाते हैं तो कभी बेटी अपने हाथों से खिलाती है। नातिन, नाती-पोता के हाथों से भी वे खाते हैं। आज सभी लोग उनको घेर कर बैठे हुए हैं। आत्मीयस्वजन भी यह खबर पाकर घर में भीड़ किए हुए हैं। आज सभी की आँखों में आँसू हैं। आज इनकी मृत्यु होगी। बाहर रास्ते पर अंतिम संस्कार की गाड़ी इंतजार कर रही है। बीच-बीच में आनंदधाम से सुजीत बाबू का बार-बार फ़ोन आ रहा है। हर पल की जानकारी वह ले रहे हैं। डॉक्टर बीच-बीच में इनका चेकअप कर रहा है। स्टेथोस्कोप से उनकी छाती और पीठ की बिल्कुल सही तरह से जांच की जा रही हैं।

आहिस्ता-आहिस्ता सुबह व्यतीत होने के बाद दोपहर होता है, उसके बाद फिर शाम भी बीत जाता है, ऐसे ही रात भी चली जाती है। अठाईस दिसंबर आ जाता है। सभी लोग जैसे मुरझा जाते हैं। वे मरे नहीं, वे अभी जीवित हैं।

आत्मीयस्वजन एक-एक कर के अपने घर जाने लगते हैं। बड़ा बेटा, माझील बेटा, छोटी बेटी, नातिन, नाती-पोता ये सभी भी चले जाते हैं। जाने से पहले वे लोग अपना दुख प्रकट करते हुए कहते हैं-''हम बहुत ही आशा लेकर आए थे। पर

हमारी किस्मत खराब है। आप की मृत्यु नहीं देख सके।''

वे कुछ नहीं कहते हैं। सभी लोग चले जाते हैं। वे अपने मन में यह कहते हैं- बेटों को देखने की इच्छा थी, बेटी को देखने की इच्छा थी, नातिन, नाती-पोता को देखने की इच्छा थी। सबसे मिलना हो गया। अब और क्या चाहिए! वे अपने मन में इसी खुशी में कुर्सी पर बैठे अपना दोनों पैर हिलाते कह उठते हैं- किरिंग किरिंग...

इस तरह ही और भी कई दिन गुज़र जाते हैं। फिर भी उनकी मृत्यु नहीं होती है। वे मस्त अभी भी जीवित हैं।

एक दिन आनंदधाम के मालिक सुजीत बाबू आते हैं। आ कर इनसे पूछते हैं, ''आप कैसे हैं?''

वे कहते हैं, ''बहुत बेहतर हूँ।''

सुजीत बाबू मुस्कुराते हुए कहते हैं, ''मुझे भी ऐसा ही लग रहा है। आप अभी बिल्कुल स्वस्थ हैं। मैं भी यही चाहता हूँ कि आप लंबे दिनों तक जीवित रहें। पर आपके उस साठ हजार रुपये का अब क्या होगा? क्या आप उसे वापस लीजिएगा? या हमलोगों के पास अभी जमा रहे?''

वे कहते हैं, ''मैं वे रुपये लेकर क्या करूँगा। उसे आप लोग अपने पास ही रखें। मैं हमेशा तो जीवित रहने वाला नहीं हूँ। एक दिन तो मरना ही है। तब आप लोग उसे खर्च कीजिएगा। और हाँ, एक बात और...?''

''कहिए, क्या बात है?''

''बीच-बीच में आप मुझे फ़ोन ज़रुर कीजिएगा। बीच-बीच में आकर मुझसे मुलाकात भी ज़रुर कीजिएगा। बैठकर हमसे दो-चार बातें कीजिएगा। मुझे बातें करना बहुत अच्छा लगता है।''

''आप इस मामले में निश्चिंत रहें। मैं आपको फोन ज़रुर करता रहूँगा। बीच-बीच में आपके पास आकर बातें भी करूँगा।''

''और एक बात है।''

''कहिए?''

''मेरे मरने के बाद मेरे किसी बेटे को या मेरी बेटी को इसकी सूचना मत दीजिएगा। यहाँ तक कि मेरे किसी भी आत्मीय-स्वजनों को भी इसकी खबर मत दीजिएगा।''

''ऐसा क्यों?''

''जीवन में मैंने बहुत दुख पाया है, बहुत ही कष्ट उठाया है। पर अब मैं थोड़ी शांति से मरना चाहता हूँ। समझें?''

"समझा। यह कह कर सुजीत बाबू चले जाते हैं। जाने के पहले यह कहते हैं- "मैं फिर आऊँगा। आप किसी प्रकार की कोई चिंता नहीं कीजिए।"

उसके बाद वे अकेले ही सर्दी की चमकती धूप में बाहर निकल जाते हैं। रास्ते के क्षितिज से होते हुए उनकी नजर नीले आसमान पर जाती है। जहाँ कतार में खड़े पेड़ हैं। उनके कान में किसी पक्षी की आवाज़ आती है, यह सब कितना सुंदर है। यह सुंदर जगत छोड़कर वे कहाँ जाएँ?

वे अपने मन की इस खुशी में कह उठते हैं- किरिंग-किरिंग!

❑

# दासबाबू के चौबीस घंटे

कष्ट होता है, रोज़ ही कष्ट होता है। कष्ट अब दास बाबू से सहन नहीं होता। सहन नहीं होना ही स्वाभाविक है। अभी ये पचहत्तर वर्ष के हैं। इस उम्र में हर रोज़ इन्हें सुबह बाजार जाना पड़ता है। सिर्फ इतना ही नहीं, उन्हें नियमित समय पर इलेक्ट्रिक के बिल जमा करने होते हैं। टेलीफ़ोन के बिल भी जमा करना होता हैं। घर का टोल-टैक्स भी इन्हीं को जमा करने होते हैं। रसोई गैस समाप्त हो जाए तो, दुकान जाकर इसकी खबर देनी होती है। सब कुछ दास बाबू को ही करने होते हैं। इसके साथ ही पैसे भी इन्हें ही खर्च करने होते हैं। घर के मरम्मत में पैसे भी इन्हें ही खर्च करने होते हैं। पुत्र, पुत्रवधू दोनों ही नौकरी करते हैं। उन्हें अच्छी तनख्वाह मिलती है। मगर वह घर-परिवार के बीच एक पैसा खर्च नहीं करते। घर के नौकर को तनख्वाह भी दास बाबू ही देते हैं। अच्छा है कि इन्हें मोटी पेंशन मिलती है। नहीं तो क्या हाल होता यह सोचते ही दास बाबू सिहर उठते हैं। बीच-बीच में इनकी इच्छा घर बेचकर कहीं चले जाने की होती है। इच्छा होती है, अपने पुत्र, पुत्रवधू को सही सबक सिखाने की। मगर पत्नी की बातें याद करते ही वह ऐसा नहीं कर पाते हैं। घर परिवार के प्रति इनकी पत्नी का अथाह मोह है; इसलिए तो वह अपना घर और यह परिवार छोड़कर कहीं जाना नहीं चाहते हैं। पत्नी भी सत्तर वर्ष की हो गई हैं। मगर अभी भी वह रसोई घर संभाली हुई हैं। घर-परिवार के लिए अच्छा-खराब वही पकाती हैं, मगर वह किसी रसोइया को रखना नहीं चाहती हैं। इससे दास बाबू बीच-बीच में बहुत गुस्से में आ जाते हैं, वह बहुत कुछ कहते हैं। मगर कोई लाभ नहीं होता है। पत्नी का बस एक ही तर्क रहता, "रसोई बनाती हूँ इसलिए तो मेरा शरीर चल रहा है। नहीं तो पंगु बनकर एक कोने में कहीं पड़ी रहती।" इसका उत्तर दास बाबू को नहीं सूझता। तब वह चुप रह जाते हैं। अतएव दास बाबू का हर दिन इसी तरह व्यतीत हो रहा था। मगर एक दिन एक घटना घटती है।

उस एक दिन दास बाबू बाजार जाने के लिए कमीज़ पहनते हैं, जेब में पैसे रखते हैं। बाजार का थैला हाथ में लेते हैं। बाजार ले जाने के दो थैले हैं, एक बड़ा और दूसरा छोटा। बड़ा थैला में घर के जरूरी सामानों के लिए और छोटा थैला माँस,

मछली या नहीं तो कभी अंडा लाने के लिए।

दास बाबू पत्नी को आवाज़ लगाते हैं, "आज बाजार से क्या लाऊँ?"

पत्नी कहती है, "तीन केजी बासमती चावल, चना का दाल, तेल, आटा, और सब्जी में आलू, परवल, कोहड़ा, भिंडी, करेला और हरी मिर्च, और इसके साथ ढाई सौ ग्राम सत्तू भी ले लीजिएगा।"

"आज मछली नहीं आएगा क्या?"

"और हाँ, मैं तो मछली के लिए कहना भूल ही गई। मछली भी ले लीजिएगा। कतला या रोहू मछली मत लीजिएगा। बड़े आकार का पावदा*(बड़े आकार की एक प्रकार की झींगा मछली) ले लीजिएगा। पोता-पोतियों को पावदा खाना अच्छा लगता है।"

तभी दास बाबू का बेटा आकर कहता है, "मेरे लिए एक शेविंग क्रीम ले लीजिएगा।"

बहू आकर कहती है, "मेरे लिए एक अच्छा शैंपू ले लीजिएगा। उसके साथ कोई अच्छा-सा साबुन भी।"

पोता कहता है, "मेरे लिए एक रूलदार नोटबुक और एक पेंसिल ले लीजिएगा।"

पोती कहती है, "मेरे लिए एक पैकेट आलू चिप्स लाइएगा।"

यह सुनकर नाती कहता है, "मेरे लिए भी।"

दास बाबू यह सुनकर मन-ही-मन क्रोधित हो जाते हैं। क्रोधित होते हैं-अपने बेटे पर, क्रोधित होते हैं-अपनी बहू पर। अपने लिए यह सामान खुद से ख़रीद सकते हैं! मगर खरीदेंगे नहीं! हमसे ही खरिदवाएंगे। सबको पैसे बचाने की पड़ी है। यह अद्‌भुत मानसिकता है। उनके पैसों का मोल है, मेरे पैसों का कोई मोल नहीं। मेरी यह अलग परेशानी है। मगर दास बाबू अभी यह बातें कह कर इस वक्त कोई अशांति मोल लेना नहीं चाहते, अतएव वे कुछ नहीं कहते हैं। आगे कुछ भी कहने से चुप रह जाते हैं। जो जैसा कहता है, दास बाबू सुनते हैं। अब दास बाबू को यह सब अच्छा नहीं लगता, उनसे अब यह सब सहन नहीं हो रहा है।

दास बाबू फिर भी बाजार का थैला लिए निकल पड़ते हैं। सबकी ज़रूरतों को याद करते वह बाजार से एक-एक की ख़रीददारी करते हैं। सब सामान ख़रीदने के बाद उन्हें लगता है, बड़ा थैला बहुत भारी हो गया है। बासमती चावल दो केजी ख़रीदना सही नहीं हुआ। मगर अब ख़रीद लिया तो क्या करुँ? अब तो कष्ट सहन करते थैला उठाकर ले जाना ही होगा।

बाजार से निकलने के बाद दास बाबू एक चाय दुकान पर रुकते हैं। एक चाय का ऑर्डर देते हैं। दास बाबू रोज़ ही बाजार करने के बाद इस चाय दुकान में आते हैं।

यह उनकी आदत है। यहाँ आकर एक कप चाय पीते हैं उसके बाद अपने घर की ओर चल पड़ते हैं। आज भी वह अंदर आकर चाय का ऑर्डर देते हैं। उनके सामने ही दत्तो बाबू बैठे हैं। दत्तो बाबू इनके ही मोहल्ले में रहते हैं। इनके साथ दास बाबू का बहुत दिनों का परिचय है। दत्तो बाबू भी रोज़ बाजार से लौटते हुए इसी दुकान में आकर बैठते हैं। वह भी चाय पीते-पीते दास बाबू के साथ, लगभग आधे घंटे तक इधर-उधर की बातें करते हैं। उसके बाद दोनों अपना-अपना थैला उठाकर अपने-अपने घर चल पड़ते हैं। दत्तो बाबू की तबियत अच्छी नहीं है बीच-बीच में इनके सिर में चक्कर आने लगते हैं।

दास बाबू के पास चाय आती है।

दास बाबू चाय पीते-पीते पूछते हैं, "कैसे हैं?"

दत्तो बाबू कहते हैं, "अच्छा नहीं हूँ। डॉक्टर को दिखाना है। प्रेशर की जाँच भी करवानी जरूरी है।"

दास बाबू कहते हैं, "देरी मत कीजिए। आज ही डॉक्टर को दिखा लीजिए।"

दत्तो बाबू कहते हैं, "देखता हूँ।" इतना कह दास बाबू से पूछते हैं, "आप कैसे हैं?"

दास बाबू कहते हैं, "अच्छा नहीं।"

"क्यों?"

"छाती में बीच-बीच में दर्द होता है।"

"यह बहुत खराब लक्षण है। अब इसकी अवहेलना न करें। जल्दी ही किसी हार्ट के डॉक्टर को दिखा लीजिए।"

"अब डॉक्टर नहीं को दिखाऊँगा।"

"क्यों?"

"बहुत दिन जी लिया। अब और जीने की इच्छा नहीं है। देख रहे हैं न, इस उम्र में भी मुझे चैन नहीं है! रसोई बनाने के अतिरिक्त सब काम मुझे ही करना पड़ता है। अब मुझसे सहन नहीं होता।"

"सहन नहीं होता मतलब! ऐसा कहने से नहीं होगा। अपने घर-परिवार को आमरण हमें ही देखना है।"

"अब बीच-बीच में मुझे क्या लगता है जानते हैं?"

"दत्तोबाबू कौतूहल के साथ पूछते हैं, "क्या?"

"शादी नहीं करते तो अच्छा रहता। हमारा परिवार ही नहीं होता। हमें इतनी बड़ी ज़िम्मेदारी का पालन करना ही नहीं पड़ता। निश्चिंत होकर हम खुशमिजाज रहते।"

"मुझे आपकी यह सोच पसंद नहीं आयी।"

इस उत्तर से अब दास बाबू परेशान होते हुए कहते हैं, "मैं आपसे मानने और सहमत होने के लिए नहीं कह रहा, मगर एक प्रश्न का उत्तर क्या आप दे सकते हैं?"

दत्तो बाबू कहते हैं, "कैसा प्रश्न?"

"हम अपने परिवार के लिए कम परिश्रम नहीं किए हैं। हमारे परिश्रम से ही हमारा परिवार खड़ा हुआ है। मगर बदले में परिवार ने हमें क्या दिया है? हम अपने जीवन से विशेष कुछ नहीं चाहते थे। हमें तो थोड़ा प्रेम-सम्मान चाहिए था। आप अपने हृदय पर हाथ रख कर यह कहिए, क्या आपकी पत्नी सच में आपसे प्रेम करती है? क्या आप का पुत्र आपके बारे में एक बार भी सोचता है? आपकी बेटी क्या आपके बारे में कभी सोचती है? पोता-पोती क्या, ये बच्चे भी कभी आपके बारे में सोचते हैं? उत्तर यह है, आपके प्रति किसी के मन में कोई भावना नहीं है। उनके मन में किसी प्रकार की कोई चिंता नहीं है। मैं गलत कह रहा हूँ चिंता उनको है, आपके बनाए घर की...बैंक में रखे रुपयों की। पोस्ट ऑफ़िस में दर्ज सर्टिफ़िकेट की। समझे?"

यह सुनने के बाद दत्तोबाबू हंसते हुए कहते हैं, "समझा। मगर अब समझ कर कोई लाभ नहीं है।" इतना कह दत्तोबाबू अपनी चाय के पैसे दे कर उठ खड़े होते हैं।

अब दास बाबू भी अपनी चाय के पैसे देकर उठ पड़ते हैं।

आचार्य प्रफुल्ल चंद्र मार्ग। बहुत चौड़ी सड़क। सड़क के बीच ट्राम लाइनें बिछी है। दास बाबू बहुत सावधानी से इधर-उधर देखते हुए रास्ता पार करते हैं। रास्ता पार करने के बाद गरपार रोड पर आते हैं। गरपार रोड में प्रवेश करते ही वह फुटपाथ पर आहिस्ता-आहिस्ता चलने लगते हैं।

एक आदमी कहता है, "बाजार हो गया?"

दास बाबू उत्तर देते हैं, "हाँ।"

दास बाबू आगे चलने लगते हैं।

एक आदमी कहता है, "कैसे हैं?"

दास बाबू उत्तर देते हैं, "ठीक हूँ।"

यह उत्तर सही नहीं है। दास बाबू की तबियत बिल्कुल सही नहीं है। उनके छाती में अभी दर्द हो रहा है। एक ऐसा कष्ट जिसके कारण चलने में अभी इनको बहुत तकलीफ़ हो रही है। वह चलते हुए रुक जाते हैं। दर्द थोड़ा कम होता है। फिर वह चलना शुरू कर देते हैं। मगर चलने से दर्द बढ़ता महसूस होने लगता है। अपने दर्द को सहते किसी तरह वह घर पहुँचते हैं। घर की सीढ़ी से पहले दोनों तरफ पतली-सी खाली जगह है। जिसके बीच सीढ़ी का सदर द्वार है। द्वार अभी बंद है।

पास ही डोरबेल की स्विच है। दास बाबू किसी तरह वह स्विच दबाते हैं। उसके बाद वह वहाँ एक पल भी खड़ा नहीं रह पाते हैं। बाई तरफ की खाली जगह पर बैठ जाते हैं। दोनों थैले वहीं सीढ़ी से पहले रख देते हैं।

डोरबेल की आवाज़ से बेटा दरवाज़ा खोलकर बाहर निकलता है। अपने पिता को उस छोटी-सी खाली जगह में बैठा देखकर कहता है, "इस तरह से यहाँ क्यों बैठे हैं?"

दास बाबू के अंदर बोलने की क्षमता नहीं है। वह चुप रहते हैं।

उत्तर न मिलने पर बेटा उनसे पूछता है, "मेरा शेविंग क्रीम लाए हैं?"

दास बाबू उत्तर न देकर अपनी गर्दन "हाँ" में हिलाते हैं।

बेटा बड़ी थैली में हाथ डालकर उसमें से शेविंग-क्रीम खोजते लगता है। शेविंग-क्रीम मिलने के बाद वह उसे लेकर घर के अंदर चला जाता है। मगर वह दोनों थैले अंदर नहीं ले जाता है। थैले वहीं पड़े रहते हैं। कुछ देर बाद बहू आती है। अपने ससुर को उस छोटी-सी खाली जगह में बैठा देखकर कहती है, "यहाँ इस खाली जगह में इस तरह से क्यों बैठे हैं? अंदर आइए।"

दास बाबू कोई उत्तर नहीं देते। वह चुप रहते हैं।

बहू को जब उत्तर नहीं मिलता, तब वह पूछती है, "मेरा शैंपू लाए हैं?"

दास बाबू फिर उसी तरह अपनी गर्दन "हाँ" में हिलाते हैं।

बहू बड़े थैले में हाथ डालकर उसमें से शैंपू की शीशी निकाल लेती है। उसके बाद वह उसमे से साबुन निकालती है। फिर वह उसे लेकर घर के अंदर चली जाती है। मगर वह दोनों थैले अंदर नहीं ले जाती है। थैले वहीं पड़े रहते हैं। कुछ देर बाद पोता आता है। अपने दादा को बाहर उस छोटी-सी खाली जगह में बैठा देखकर कहता है, "दादा जी, आप यहाँ इस खाली जगह में इस तरह से क्यों बैठे हैं? अंदर चलिए।"

दास बाबू कोई उत्तर नहीं देते हैं। वह चुप रहते हैं।

पोता फिर पूछता है, "मेरे लिए रुलदार नोटबुक लाए हैं?"

दास बाबू फिर उसी तरह अपनी गर्दन "हाँ" में हिलाते हैं।

"पेंसिल?"

दास बाबू फिर अपनी गर्दन "हाँ" में हिलाते हैं।

"और चिप्स?"

दास बाबू अब भी अपनी गर्दन "हाँ" में हिलाते हैं।

पोता यह उत्तर सुनने के बाद बाजार की थैली से अपनी पेंसिल निकालता है। फिर वह उसे लेकर घर के अंदर चला जाता है। मगर दोनों थैले वहीं पड़े रहते हैं।

कुछ देर बाद पोती आती है। दादा को इस तरह बैठा देखकर पूछती है, "यहाँ

इस तरह खाली जगह में क्यों बैठे हैं? घर के अंदर नहीं आइएगा?"

दास बाबू कोई उत्तर नहीं देते हैं। वह चुप रहते हैं।

पोती पूछती है, "मेरा आलू चिप्स लाए हैं?"

दास बाबू फिर उसी तरह "हाँ" में अपनी गर्दन हिलाते हैं।

पोती बड़े थैले में हाथ डालकर उसमें से चिप्स का पैकेट निकाल लेती है। फिर वह उसे लेकर घर के अंदर चली जाती है। मगर वह दोनों थैले अंदर नहीं ले जाती है। वे थैले वहीं पड़े रहते हैं।

कुछ देर के बाद दास बाबू की पत्नी आती है। वह अपने पति को बैठा देख बहुत परेशान होती है। पहले पहल देखते ही वह डर जाती है। कुछ हुआ तो नहीं है? कुछ हो गया तो मैं बहुत मुश्किल में पड़ जाऊँगी। कुछ हो गया तो यह घर-संसार कौन संभालेगा?

पत्नी पूछती है, "यहाँ क्यों बैठे हो?"

दास बाबू कोई उत्तर नहीं देते हैं।

पत्नी फिर पूछती है, "क्या तबियत खराब है?"

दास बाबू कोई उत्तर नहीं देते हैं।

पत्नी फिर पूछती है, "बाज़ार से जो-जो लाने के लिए कही थी वह सब लाए हो?"

दास बाबू अपनी गर्दन "हाँ" में हिलाते हैं।

बासमती चावल दाल, तेल, आटा, आलू, परवल, भिंडी, करेला, मिर्चा यह सब कुछ लाए हैं?"

दास बाबू अब उसी तरह अपनी गर्दन "हाँ" में हिलाते हैं।

"गलदा* (बड़े अकार की झींगा मछली) लाए हैं?"

दास बाबू फिर उसी तरह अपनी गर्दन "हाँ" में हिलाते हैं।

इस उत्तर से दास बाबू की पत्नी बड़े थैले को उठाती है। थैले उठाते हुए उसे महसूस होता है-यह तो बहुत भारी है। इसे लेकर अंदर नहीं जा सकती। तब वह झी* (महिला नौकर) को बुलाती है। उसे दोनों थैले अंदर ले जाने के लिए कहती है। वह दोनों थैले लेकर अंदर चली जाती है।

अब पत्नी पूछती है, "आप क्या अभी भी यही रहिएगा! घर के अंदर नहीं आइएगा?"

दास बाबू उत्तर में अब अपनी गर्दन "ना" में हिलाते हैं।

"तो यहीं बैठा रहिए।" यह कह दास बाबू की पत्नी अंदर चली जाती है। दास बाबू उसी तरह दीवार पर अपनी देह टिकाए बारांदे में बैठे रहते हैं।

आहिस्ता-आहिस्ता समय बढ़ने लगा है। दास बाबू के पास से ही बेटा ऑफ़िस

के लिए निकल पड़ता है। बहू भी उसी तरह इनके पास से ऑफ़िस जाती है। पोता-पोती भी अपने स्कूल के लिए इनके पास से ही निकल जाते हैं। इनकी पत्नी घर के अंदर रसोई के काम में अभी भी लगी है।

दास बाबू की तबियत अब पहले से भी अधिक खराब होने लगी है। अब उनको बैठे रहने में तकलीफ़ महसूस हो रही है। फिर तो वह वहीं लेट जाते हैं। छाती का दर्द पहले से और अधिक बढ़ गया है। दास बाबू को अब ऐसा महसूस होने लगा है, मैं जीवित नहीं बचूँगा। यह सोचते हुए अपनी आँखें बंद कर लेते हैं।

देखते-देखते दास बाबू के चारों तरफ भीड़ बढ़ जाती है। सभी इसी मोहल्ले के लोग हैं। दास बाबू को देख ये सभी लोग एक-दूसरे से इस तरह की बातें करने लगे हैं:

''दास बाबू को क्या हुआ है?''

''मैं नहीं जानता।''

''घर में कहीं कोई झगड़ा तो नहीं हुआ?''

''हो सकता है।''

''इसलिए वह यहाँ खाली में सोए हैं।''

''सच में यह सोचने की बात है।''

''घर में कोई दिखाई तो नहीं दे रहा?''

''भाभी गई कहाँ?''

''हो सकता है भाभी को कुछ मालूम न हो।''

''भाभी को अब बुलाना चाहिए।''

''आप एक बार बुलाइए तो सही।''

''मैं?''

''हाँ आप ही। आप तो इस घर में बीच-बीच में अक्सर आते रहते हैं। आपको सभी पहचानते हैं। आप ही बुलाएँ।''

यह सुनकर वह आदमी डोरबेल बजाता है। डोरबेल बजते ही घर के अंदर से झी बाहर आती है।

वह आदमी कहता है, ''तुम्हारे मालिक यहाँ बारांदे में पड़े हैं। तुम सब नहीं जानते?''

''हाँ, हम नहीं जानते।''

''तब घर के अंदर बैठे तुम सब कर क्या रहे हो? इन्हें अंदर ले जाओ।''

''भाभी मना की है।''

''मना की है मतलब! बुलाओ भाभी को।''

"बुला रही हूँ।" इतना कह झी घर के अंदर चली जाती है।

कुछ देर बाद दास बाबू की पत्नी आती है। वह बाहर की भीड़ देखकर पूछती है, "आप लोग मेरे घर के सामने इस तरह भीड़ बना कर क्यों खड़े हैं? आप लोगों को क्या चाहिए?"

एक आदमी कहता है, "आपके पति इस तरह यहाँ पड़े हुए हैं। आप लोगों को इसका ख्याल नहीं है। इन्हें घर के अंदर ले जाईये। किसी डॉक्टर को बुलाकर इन्हें दिखाइए। नहीं तो किसी नर्सिंग होम में ले जाकर इन्हें भर्ती कीजिए।"

"आप लोग ही यह उपकार कर दीजिए।"

"हम लोग?"

"हाँ आप लोग। अगर आप लोगों को इतनी चिंता है तो आप लोग ही इनका इलाज कराइए। इन्हें नर्सिंग होम में भर्ती कर दीजिए।"

"आप के रहते हम लोग।"

"हाँ, इसमें नुकसान क्या है?"

ऐसी बातें सुनकर सभी एक दूसरे को देखने लगते हैं। अब ये क्या करें? उन्हें कुछ समझ में नहीं आ रहा था। समझ में नहीं आने के कारण ये सभी एक-एक करके अपने-अपने काम से चल पड़ते हैं। दास बाबू की पत्नी अंदर अपने रसोई के लिए चली जाती है। मगर वह बहुत चिंतित थी। अब वह क्या करें? उसे समझ में नहीं आ रहा था। डॉक्टर बुलाना जरूरी है। नहीं तो मामला गड़बड़ हो सकता है। मगर समस्या यह है कि सुबह-सुबह कहीं कोई डॉक्टर मिलता नहीं है। नज़दीक ही नर्सिंग होम है। वहाँ ले जाना चाहिए। मगर कौन लेकर जाए? बेटा या बहू, क्या ये अपना ऑफ़िस छोड़कर अभी यहाँ आएँगे। फिर भी उन्हें यह खबर देना जरूरी है।

दास बाबू की पत्नी अपने बेटे के मोबाइल पर फोन करती है। कहती है, "तेरे पिता अभी तक वहीं सोए हुए हैं। ऐसा लग रहा है अब उनको नर्सिंग होम में भर्ती करना ही होगा।"

"तो क्या हुआ, तुम भर्ती कर दो।"

"मैं सत्तर साल की बूढ़ी। यह सब कैसे कर सकती हूँ।"

"तब मैं कुछ नहीं कर सकता। बाबा (पिता) जिस तरह सोए हैं। वैसे ही उनको रहने दो।" इतना कह बेटा अपना मोबाइल बंद कर देता है।

दास बाबू की पत्नी अब अपनी बहू के मोबाइल पर फोन करती है। बहू से कहती है, "समझ में नहीं आ रहा। अब मैं क्या करूँ?"

"आप अपने बेटे से कहिए।" इतना कहकर बहू अपना मोबाइल बंद कर देती है।

दास बाबू की पत्नी अब और चिंता में पड़ जाती है। वह क्या करें? समझ में

नहीं आ रहा था। फिर वह इधर-उधर सबको फोन करती है। सभी फोन पर सहानुभूति दिखाते हैं। मगर कोई भी मदद के लिए सामने नहीं आता। घर की झी* (महिला नौकर) भी किसी काम की नहीं है। उससे भी यह सब कुछ नहीं हो सकता। फिर भी वह उससे कहती है, "तू कुछ कर।" वह कहती है, "मैं क्या करूँ? मैं तो कुछ नहीं जानती।"

अब दास बाबू की पत्नी घर के बाहर निकलती है। देखती है पति अभी भी उसी तरह सोए हुए हैं। उठकर बैठने का कोई भी लक्षण उनमें दिखाई नहीं दे रहा है। यह देख दिल का धड़कन बढ़ जाता है। कहीं ये मर तो नहीं गए!

दास बाबू की पत्नी पति के कपाल पर हाथ रखती है। शरीर को छूती है। नाक के नीचे अंगुली रखती है। मरे नहीं है। अभी सांस चल रही है। यह देख वह निश्चिंत होती है। सोचती है कुछ देर में ये स्वस्थ हो कर घर के अंदर आ जाएंगे। यह सोच कर वह वहाँ और रुकती नहीं है। घर के अंदर चली जाती है।

संध्या हो आती है। दास बाबू आहिस्ता-आहिस्ता स्वास्थ्य होते हैं। मगर शरीर अभी भी वैसा ही दुर्बल है। वह उठते नहीं है। वहीं सोए रहते हैं। मोहल्ले के दो चार लोग उनके साथ बातें करने की कोशिश करते हैं। मगर वह किसी की बातों का कोई उत्तर नहीं देते हैं।

उनके पास से पोता-पोती कंधे में बैग लिए स्कूल से घर लौटते हैं। वह दोनों को देखते हैं। उनके पास से ही बहू ऑफ़िस से घर लौटती है। वह देखते हैं। उनके पास से ही बेटा ऑफ़िस से घर लौटता है। दास बाबू यह भी देखते हैं। सभी घर के अंदर जाते हुए उनको एक बार देखे जरूर हैं। मगर किसी ने कुछ नहीं कहा। सभी इनके सामने से ऐसे निकल गए, मानो वे इन्हें पहचानते नहीं। दास बाबू अब लंबी साँसें छोड़ने लगते हैं। आहिस्ता-आहिस्ता अंधेरा हो आता है। फिर वह उठकर बैठते हैं। तबियत पहले से कुछ सही महसूस हो रही है। दास बाबू अब खड़ा होते हैं। डोरबेल बजाते हैं। झी सीढ़ी का दरवाज़ा खोलती है। वे अब सीढ़ी की रेलिंग को पकड़ते दो तल्ले पर आते हैं। देखते हैं कि टेबल के चारों ओर सभी लोग एक साथ बैठ कर भोजन कर रहे हैं। एक कुर्सी खाली है। वह उस कुर्सी पर जाकर बैठ जाते हैं। बैठते ही सभी भोजन करना बंद कर के उनके तरफ देखे लगते हैं।

दास बाबू की पत्नी पूछती है, "कुछ खाईयेगा?"

दास बाबू कहते हैं, "हाँ। मगर..."

"मगर क्या?"

"तुम सब कौन हो?"

"मुझे नहीं पहचानते? मैं आपकी पत्नी हूँ।"

''यह झूठ है।'' इतना कह दास बाबू बेटा और बहू की तरह देखते हुए कहते हैं, ''तुम लोग कौन हो?''

बेटा कहता है, ''मैं आपका पुत्र हूँ।''

बहू कहती है, ''मैं आपकी बहू हूँ।''

''यह झूठ है।'' इतना कह वह पोता-पोती की तरफ देखते हुए पूछते हैं, ''तुम लोग कौन हो?''

बहू कहती है, ''आपके पोता-पोती है। आप इनको नहीं पहचानते?''

''नहीं मैं किसी को नहीं पहचानता। तुम सब कौन हो?''

दास बाबू की पत्नी कहती है, ''आपका दिमाग खराब हो गया है। अभी आप खा-पीकर सो जाइए।''

बेटा कहता है, ''बाबा (पापा) को अब सच में डॉक्टर को दिखाना जरूरी है।''

दास बाबू कहते हैं, ''मुझे अब डॉक्टर को दिखाने की कोई जरूरत नहीं है। डॉक्टर तुम सबों के लिए जरूरी है। इतना कह वह कुर्सी छोड़ कर उठ पड़ते हैं। और अपने कमरे में चले जाते हैं।

दास बाबू की पत्नी पूछती है, ''उठ क्यों गए? खाना नहीं खाईयेगा?''

''नहीं।''

दूसरे दिन सुबह दास बाबू अब स्वाभाविक हो गए हैं। फिर वह बाजार जाने के लिए तैयार होते हैं। पत्नी से पूछते हैं, ''आज क्या आएगा?''

''मूंग दाल, पोस्तो, नून, हल्दी, सरसों।''

बेटा आकर कहता है, ''मेरे लिए एक बोर्लिंग लेते आइएगा।''

बहू आकर कहती है, ''मेरे लिए कोई सुगंधित तेल ले लीजिएगा।''

नाती आकर कहता है, ''मेरे लिए एक पैकेट चनाचुड़...।''

पोती कहती है, ''मेरे लिए भी।''

❑

# कुलीन वंश

मेरे घर के सामने एक छोटा-सा पार्क है। पार्क के अंदर एक क्लब है। उस क्लब में शाम के समय कभी ताश खेला जाता है, तो कभी शतरंज, तो कभी कैरम खेला जाता है। क्लब के अंदर किताबों की एक आलमारी है। कोई इन दिनों किताबें नहीं पढ़ता। सिर्फ मैं पढ़ता हूँ। इसलिए सभी मेरा सम्मान करते हैं। सम्मान करने का एक कारण और भी है, मैं उस क्लब का सेक्रेटरी हूँ। इस नाते मैं जो भी कहता हूँ क्लब के सभी सदस्य मानते हैं। मेरे कहने से ही है पिछले वर्ष रवीन्द्रनाथ की एक मूर्ति कमर तक की बैठाई गई है। मेरे मोहल्ले में कौवों का बहुत उत्पात है। कौवें रवीन्द्रनाथ के सिर पर रोज ही आकर बैठते हैं, बैठकर कौवें रवीन्द्रनाथ की मूर्ति को गंदा कर देते हैं। मैं रवींद्रनाथ की उस मूर्ति को रोज ही साफ करता हूँ, इसलिए कि रवीन्द्रनाथ के प्रति मेरी बहुत आस्था है। उनके प्रति आस्था का कारण उनके तीन उपन्यास हैं। उनके तीनों उपन्यास के तीन नारियों के प्रति मैं बहुत कमजोर हूँ। पहले उपन्यास की नारी का नाम लावण्या है। दूसरे उपन्यास की नारी सुचरिता है। तीसरे उपन्यास की नारी का नाम कुमू है। ये सभी स्त्रियाँ अमर हो गई है। इनमें से किसी की भी उम्र नहीं बढ़ी है और न ही इनमें से किसी की उम्र घटी है। बीच-बीच मैं इनको अपने सपने में देखता रहता हूँ। इन्हें अपने करीब पाने की इच्छा होती है। इनके साथ ही बहुत-सी बातें करने की इच्छा होती है और साथ ही यह जानने की इच्छा होती है क्या ये नारी चरित्र अभी भी किताबों के अंदर अटकी हुई है या कि वह किताब से बाहर अब तक निकल गई है? या अब ये नारियाँ किताबों से बाहर निकल कर अपने जीवन के लिए विभिन्न कामकाजों में लग गई हैं। यह मैं नहीं जानता, मगर यह सब जानने की बहुत इच्छा होती है।

एक दिन सुबह-सुबह मैं रवीन्द्रनाथ की मूर्ति को साफ करते हुए रवीन्द्रनाथ की उसी मूर्ति से कहता हूँ, ''मुझे आपसे एक बात कहनी है।''

रवीन्द्रनाथ जानना चाहते हैं, ''कैसी बातें?''

''आपकी लावण्या मुझे बहुत अच्छी लगती है। आप कृपा कर उसे एक बार मेरे पास भेज दीजिएगा?''

"हाँ भेज सकता हूँ। मगर क्या करोगे उसे अपने सामने पाकर।"

"प्रेम करूँगा।"

"मगर क्या, लावण्या अब वह लावण्या रही है?"

"आप ऐसा क्यों कह रहे हैं?"

"शोभनलाल के साथ उसकी शादी होने की बात थी। उसके बाद उसकी शादी हुई या नहीं यह मैं नहीं जानता। अगर हुई है तो अब तक क्या वह शादी बची है या टूट गई है। मैं यह भी नहीं जानता।"

"मैं इस विषय में नहीं सोच रहा। आप लावण्या को मेरे पास भेज दीजिए।"

"लावण्या अगर नहीं आना चाहे तो?"

"आएगी वह ज़रुर आएगी। आपने लावण्या का सृजन किया हैं, उससे आप जो चाहेंगे वह वही करेगी।"

"ठीक है। मैं लावण्या को तुम्हारे पास आने के लिए कहूँगा। अगर नहीं आई तो मुझे दोष मत देना।"

"हाँ आपको दोष नहीं दूँगा। आप इस बात से निश्चिंत रहें।" इतना कह मैं घर चला आता हूँ। मगर मन में यह संदेह रह जाता है क्या रविद्रनाथ की बातें लावण्या मानेगी?

शाम को मैं अपने घर के बैठक खाने में अकेला बैठा 'शेषेर कोविता' (अंतिम दिनों की कविता) पढ़ रहा था। उसी समय एक लड़की घर के अंदर प्रवेश करती है। मैं किताब को मेज पर रखते हुए उससे पूछता हूँ, "आपकी शक्ल कुछ जानी पहचानी-सी लग रही है। आपका परिचय?"

लड़की कहती है, "मेरा नाम लावण्य है। रवि बाबू मुझे भेजे हैं।"

मैं जोश में कहता हूँ, "बहुत अच्छा। आइए। बैठिए।"

लावण्या मेरे सामने की कुर्सी पर बैठ जाती है।

मैं उससे पूछता हूँ, "शोभनलाल का क्या समाचार है?"

लावण्या कहती है, "मैं नहीं जानती।"

"क्यों?"

"शोभनलाल के साथ मेरा डिवोर्स हो गया है।"

"यह क्या, डिवोर्स कैसे हुआ?"

शोभनलाल सहवास के मामले में अक्षम था।"

"अभी तो इस तरह की बीमारी आसानी से इलाज के द्वारा दूर हो जाती है।"

"मगर उसकी बीमारी ठीक नहीं हुई।"

अब मैं पूछता हूँ, "अमित के साथ क्या मुलाकात होती है?"

"नहीं।"

मैं अवाक् चुप रह गया। उसके बाद उससे पूछता हूँ, "तो अब आप क्या करेंगी?"

लावण्या कहती है, "मैं घर-घर घूम कर साबुन बेचती हूँ। यह साबुन बहुत अच्छा है। इस साबुन से कपड़ा धोने पर कपड़ों में सुंदर चमक आ जाती है। कहीं भी उसमें गंदगी नहीं रहती। अगर जरूरत है तो कहिए, मैं आपके लिए कल सुबह साबुन लेकर आऊँगी। हमारी कंपनी इस समय एक विशेष ऑफर दे रही है। दो पाँच सौ ग्राम के पैकेट खरीदने पर एक पाँच सौ ग्राम का पैकेट फ्री में मिलेगा।"

मैं कहता हूँ, "मुझे साबुन की जरूरत नहीं है। आप जा सकती हैं।"

ऐसा कहने से लावण्या मुँह फुलाए चली जाती है।

मैं सोचने लगता हूँ, लावण्या के इस अवस्था का दोषी कौन है? उसका दोषी किसे माना जाए? मगर कोई उत्तर नहीं सूझता है।

दूसरे दिन सुबह रवीन्द्रनाथ को मैं सारी बातें बताता हूँ। मेरी सारी बातें सुनने के बाद रवीन्द्रनाथ अपनी दाढ़ी हिलाते हुए कहते हैं, "यह बहुत दुख की बात है। आज शाम को मैं तुम्हारे पास सुचरिता को भेजता हूँ। सुचरिता का अभी क्या हाल है मैं नहीं जानता।"

मैं शाम के समय सुचरिता का इंतजार करने लगता हूँ। मेरे हाथ में 'गोरा' था। यह किताब पढ़ते हुए जब मैं बहुत आगे तक बढ़ जाता हूँ, तो एक लड़की मेरे कमरे में आती है। मैं किताब मेज पर रख देता हूँ। किताब रखने के बाद उससे कहता हूँ, "आपकी शक्ल कुछ जानी पहचानी-सी लग रही है। आपका परिचय?"

लड़की कहती है, "मेरा नाम सुचरिता है। रवि बाबू ने मुझे भेजा है।"

अब मेरे अंदर पहले जैसी उत्सुकता नही थी। लावण्या मेरी सभी उत्सुकताओं को समाप्त कर दी है। इसलिए मैं उससे बहुत ही शिष्टता के साथ कहता हूँ बैठिये।"

सुचरिता मेरे सामने की कुर्सी पर बैठ जाती है।

मैं सुचरिता से पूछता हूँ, "आपकी शादी हो गई है?"

सुचरिता हंसते हुए कहती है, "नहीं।"

मैं अब चकित होते हुए फिर पूछता हूँ, "क्यों?"

"मैं स्त्री-स्वाधीनता में विश्वास रखती हूँ। शादी कर घर-परिवार बसा कर, बच्चे उत्पन्न करना कभी किसी स्त्री के जीवन का उद्देश्य हो ही नहीं सकता है।"

उसकी बातें सुनकर मेरे मुँह से अनायास ही यह निकल आया, "तब स्त्री जीवन का उद्देश्य क्या है?"

सुचरिता परेशानी के साथ कहती है, "मैं उद्देश्य कुछ नहीं जानती। मैं तो अपनी

तरह से जीवित रहना चाहती हूँ। पिता, पति या किसी अन्य पुरुष के कहे अनुसार मैं चल नहीं सकती।''

''यह बहुत अच्छी बात है।'' इतना कह मैं उससे फिर पूछता हूँ, ''तो अब आप क्या करेंगी?''

''मैं अभी फिल्मों में अभिनय करने का मौका ढूंढ रही हूँ।'' इतना कह वह मुझसे पूछती है, ''आपके जान-पहचान का कोई प्रोड्यूसर है?''

''नहीं।''

''तब आपसे मेरा कोई काम नहीं होगा।'' इतना कह वह मेरे कमरे से बाहर निकल जाती है।

मैं परेशानी में वहीं बैठा रह जाता हूँ।

दूसरे दिन रवीन्द्रनाथ को मैं सारी बातें बताता हूँ। मेरी बातें सुनने के बाद रवीन्द्रनाथ अपनी दाढ़ी हिलाते हुए कहते हैं, ''बहुत खराब समय आ गया है। लड़कियाँ इतनी बदल गई हैं, मैं यह नहीं जानता था। अब मैं कुमू को तुम्हारे पास भेज रहा हूँ। देख लो अभी उसकी क्या हालात हुई है।''

मैं फिर उसी तरह अपने घर के बैठक खाने में बैठकर 'जोगाजोग' (संपर्क) पढ़ रहा था। कुछ देर बाद एक लड़की मेरे कमरे में आती है। मैं उससे कहता हूँ, ''आपकी शक्ल कुछ जानी पहचानी-सी लग रही है। आपका परिचय?''

लड़की कहती है, ''मुझे सभी प्यार से कुमू बुलाते हैं। मेरे भैया का नाम बिप्रदास है। मेरे पूर्व पति का नाम मधुसूदन है।''

यह सुनने के बाद मैं कहता हूँ, ''मधुसूदन के साथ तुम्हारा डिवोर्स हो गया है?''

''हाँ।''

''क्यों डिवोर्स हुआ?''

''मधुसूदन के साथ किसी दिन भी मेरा मिलन नहीं हुआ है। रवि बाबू ने ज़बरदस्ती मुझे माँ बना कर मिलन दिखाया है। इस तरह भला मिलन होता है क्या? इसलिए कुछ दिनों के बाद हमारा संबंध विच्छेद हो जाता है। मैं अपने बच्चे को मधुसूदन के पास रख कर अपने पिता के पास चली आई हूँ।''

''अब आप क्या करेंगी?''

''कुछ नहीं। रवि बाबू मुझे आपके पास भेजे हैं।''

''आप क्या चाहती हैं?''

''मैं फिर से शादी करना चाहती हूँ। आप मुझसे शादी कीजिएगा?''

''हाँ, मैं आप से शादी कर सकता हूँ। मगर रविद्रनाथ को आपत्ति तो नहीं

होगी?''

''रवि बाबू मुझे बहुत कष्ट दिए हैं। अब मैं उनकी कोई बातें नहीं सुनूंगी। आप जल्दी मुझसे शादी कीजिए। मैं अब शांति से आपके साथ अपना घर बसाना चाहती हूँ।''

मैं रवीन्द्रनाथ टैगोर की नायिका से शादी करने का यह मौका हाथ से जाने नहीं देना चाहता था। इसलिए जल्दी ही पंचांग देखकर हम दोनों के पसंद का दिन तय कर लेता हूँ। साथ ही मैंने यह तय कर लिया कि अब मैं रवीन्द्रनाथ से कभी मिलूँगा नहीं। उनको अपनी शादी की बात भी नहीं बताऊँगा।

मगर पता नहीं, किसने रवीन्द्रनाथ को यह सब बातें बता दीं। सुनते ही रवीन्द्रनाथ अपने शरीर पर अपना वही विख्यात लबादा (ओवरकोट) पहने हाजिर हो जाते हैं। साथ ही उनकी भक्त-मंडली भी मेरे सामने उपस्थित हो जाती है। मेरे सामने आकर ये सभी गड़बड़ कर दिए। लग्न-मंडप पर कुमू मेरे साथ बैठी थी। कुमू का हाथ पकड़कर रवीन्द्रनाथ उठा देते हैं। कुमू जी-जान से इसका विरोध करने लगती है। मगर रवीन्द्रनाथ उसकी कोई बात नहीं सुनते। वे कहते हैं, ''यह शादी मैं नहीं मानता। इसलिए यह शादी हरगिज़ नहीं हो सकती।''

यह सुनकर कुमू करुण स्वर में पूछती है, ''क्यों?''

रवीन्द्रनाथ कहते हैं, ''मैं श्रेष्ठ हूँ। मैंने अपनी किताबों में जो लिखा है वही अंतिम है। इसके बाहर मैं कुछ भी अलग नहीं होने दे सकता।''

मैं इतनी देर चुप था। अब मैं रवीन्द्रनाथ से कहता हूँ, ''मगर लावण्या और सुचरिता वह तो कुछ और बनने की कोशिश कर रही है।''

''मतलब?''

''मतलब वे तो इसका विरोध करते हुए, आपकी किताबों से बाहर निकल गई हैं।''

''तुम कहना क्या चाहते हो?''

''आप तो सब कुछ जानते हैं। आपको मैं पहले ही सब कुछ बता चुका हूँ। आप तो जानते ही हैं कि लावण्या शोभनलाल से डिवोर्स लेकर अब वह साबुन घूम-घूम कर बेच रही है और आपकी सुचरिता अभी सिनेमा में अभिनय करने का मौका खोज रही है। इस कुमू का भी तो डिवोर्स हो गया है। इसलिए मैंने इससे शादी करना चाहा है।''

''मगर मैं, कुमू को किसी साधारण लड़के के हाथ नहीं दे सकता। कुमू उच्च वंशिय है।'' इतना कहने के बाद रवीन्द्रनाथ कुमू का हाथ पकड़कर उसे खींचते हुए अपने साथ लेकर जाने लगते हैं। यह देख भक्त-मंडली भी उनके पीछे-पीछे चल देती हैं।

मैं चकित, वहीं बैठा रह जाता हूँ।

दूसरे दिन पार्क जा कर देखता हूँ, रवीन्द्रनाथ, वही रवीन्द्रनाथ ही हैं। उनके चेहरे पर किसी प्रकार की कोई चिंता के भाव नहीं है। मैं समझ गया ये असीम, अनंत, अखंड और सर्वव्यापी पुरुषता की विभोरता में डूबे हैं। मेरे जैसे नीच वंशिय और साधारण लड़के के बारे में इनके पास सोचने की फुर्सत नहीं है। यह सोचकर मेरी आँखों से आँसू बहने लगते हैं।

❑

# लौट आएँ महादेव

आप महादेव मित्र को पहचानते हैं? नहीं पहचानते हैं न! मैं उन्हें पहचानता हूँ। उत्तर कलकत्ता के विप्र दास स्ट्रीट में एक दस मंज़िला फ्लैट है। वे उसी फ्लैट की आठवीं मंज़िल पर रहते हैं। उनकी उम्र यही कोई अस्सी वर्ष की होगी। उनकी पत्नी का सात वर्ष पहले देहांत हो गया है। उनके दो बच्चे हैं। एक बेटा और एक बेटी। बेटा अमेरिका में रहता है और बेटी कनाडा में रहती है। फ़िलहाल बेटा और बेटी से उनका अभी कोई संपर्क नहीं है। इसके पहले वे लोग फ़ोन से अक्सर समाचार लेते रहते थे। अब वे लोग फ़ोन नहीं करते हैं। महादेव भी उनको फ़ोन नहीं करते हैं। इनके दो भाई और हैं। एक भाई दिल्ली में रहता है, तो दूसरा भाई बांग्ला देश में रहता है। बचपन में पिता की मृत्यु के बाद महादेव ने कम उम्र में अपने परिवार का दायित्व अपने ऊपर ले लिया था। उन्होंने अपने भाइयों को पढ़ना-लिखना सिखा कर उनकी नौकरी का जुगाड़ कर दिया, यहाँ तक कि उन लोगों के शादी-ब्याह भी खुद ही संपन्न किए हैं। अब वे भी अपने भाई को देखने के लिए कोलकाता नहीं आते हैं। सिर्फ़ यही नहीं, वे लोग एक बार फ़ोन भी नहीं करते हैं। अब इनको सभी लोग भूल गए हैं। ग़लत कह रहा हूँ, सभी लोग इन्हें भूले नहीं हैं। एक इंसान है, जिसने इन्हें अभी तक याद रखा है। वह है इनका कुआँरा साला अजित बसु जी। पाँच वर्ष हो गए। उन्होंने नौकरी से स्वेच्छिक अवकाश लिया हैं। उत्तर कोलकाता के विडन स्ट्रीट में रहते हैं। वे रोज़ ही शाम को यहाँ चले आते हैं- अपने जीजा जी से बातें करने। दोनों में गपशप होती रहती है, दोनों शतरंज खेलते हैं। टीवी देखते-देखते रात के साढ़े नौ बजे के लगभग वे वैसे ही चलते हुए अपने घर लौट जाते हैं। कुछ दिनों से वह भी नहीं आ रहें हैं। उनकी तबियत भी ठीक नहीं है। अब ऐसा कोई नहीं है जिसके साथ बैठ कर दो-एक बातें कर सकें। फ्लैट में रहने वाले लोग भी इनके पास नहीं आते। यहाँ पर सभी खुद को ही लेकर व्यस्त रहते हैं। उनके साथ बैठकर कुछ देर बातें करना तो दूर, किसी के पास समाचार लेने का भी समय नहीं है। नीचे रास्ते में आकर चाय वाले से बातें करना उनके लिए अब संभव नहीं

है। कौन उनसे गपशप करेगा? किसके पास इतना समय है, सभी एक दो-बातें बोल-बतियाकर चले जाएँगे। यही कारण है कि उनके घर में अकेले बैठे रहने के सिवाय और कोई उपाय नहीं हैं। एक मात्र कामवाली बाई के साथ ही दो-एक बातें करते हैं। किंतु कामवाली के पास भी तो समय नहीं है, उनके साथ बैठकर बातें करने का। पाँच घरों में उसका काम पड़ा रहता है। वह किसी तरह अपना काम निपटा कर अन्य फ्लैट में चली जाती है। महादेव बैठे-बैठे अख़बार पढ़ते हैं, तो कभी किताबें पढ़ते हैं, तो कभी-कभी गाना भी सुनते हैं। बीच-बीच में उन्हें कुछ भी अच्छा नहीं लगता है। तब वह चुपचाप बैठे रहते हैं। ऐसे में उनकी आँखों में आँसू आ जाते हैं। वे सोचते रहते हैं, इस तरह से जीवित रहने का कोई मायने नहीं है। इससे तो मर जाना अच्छा है। अब वे ईश्वर से दोनों समय प्रार्थना करने लगे हैं- हे भगवान! मुझे उठा लो। इस तरह से मुझे तुम जीवित मत रखो। लेकिन भगवान उनकी बातें अनसुनी करके उन्हें जीवित रखे हुए हैं। इससे वह भगवान पर नाराज़ होकर एक दिन सुबह-सुबह अपने फ्लैट के खुले बरामदे से नीचे कूद पड़ते हैं। तभी एक अद्‌भुत घटना घटती है। पृथ्वी के गुरुत्वाकर्षण के कारण उनके शरीर को नीचे रास्ते में आकर गिरना चाहिए था। पर ऐसा नहीं हुआ। उनका शरीर धरती पर न गिरकर शून्य में ही तैरने लगा। महादेव मित्र इससे चकित हो गए। यह क्या हुआ! उनका शरीर ज़मीन पर क्यों नहीं गिरा? उनकी क्या गलती है? ईश्वर को क्या दया-माया नहीं है। उनको ईश्वर बहुत ही निष्ठुर और दयाहीन लगने लगता है। उन्हें अहसास हो गया कि अब कुछ नहीं किया जा सकता है। वे अब शून्य में तैरने लगे हैं।

पड़ोसी फ्लैट की नौकरानी बरामदे में झाड़ू लगाने आई थी, आते ही चौंककर खड़ी हो गई। उसे दिखाई दिया कि एक आदमी शून्य में तैर रहा है। वह डर से चिल्लाई, "ओ भइया जी! ओ भाभी जी! जल्दी आइए। यह देखिए, यह क्या चमत्कार है।"

भइया तब ऑफ़िस जाने के लिए तैयार होकर भोजन करने बैठे थे। भाभी भी उनके साथ ही बैठी थी। वह कह रही थी, "आज जल्दी ही घर लौटिएगा। आजकल का समय ठीक नहीं है। कल दो दलों के बीच मार-पीट हुई है। पाँच लोग अस्पताल में भर्ती हैं। उनमें से दो की हालत ठीक नहीं है। हमारे देश के नेता ही हमारे देश को विनाश की तरफ़ ढ़केल रहे हैं। इन सभी लोगों को पकड़...पकड़कर..."

बात पूरी नहीं हुई। नौकरानी की चीख से भाभी बरामदे में दौड़-कर आ गई। भैया भी अपनी भोजन की थाली छोड़कर बरामदे में गए। देखा कि एक आदमी शून्य में तैर रहा है।

यह देख भइया कहने लगे, "अरे! यह तो हमारे महादेव बाबू हैं। पास के फ्लैट में रहते हैं।"

भाभी बोली, "अब क्या होगा?"

"क्या होगा... मैं नहीं जानता। मुझे कुछ समझ में नहीं आ रहा है। क्या ऐसा भी होता है? भला शून्य में कोई आदमी तैरता है?"

"कोई तैरता है कि नहीं, मैं नहीं जानती; पर महादेव बाबू तैर रहें हैं। उन्हें बचाना चाहिए।"

"मैं उन्हें कैसे बचाऊँगा?"

भाभी उनके इस बात से परेशान होकर कहने लगी, "तुम से कुछ नहीं होगा!" फिर नौकरानी से बोली, " तेरे भइया से कुछ नहीं होगा। तुम आस-पड़ोस के लोगों को बुलाओ। वे लोग निश्चय ही कोई उपाय ढूँढ़ निकालेंगे।"

नौकरानी चिल्लाते हुए लोगों को बुलाने लगती है, "ऐ संतू की मम्मी! ऐ बिजू की मम्मी! ऐ संध्या की मम्मी! आप लोग जल्दी आइए। ऐ झंटू! ऐ विशु! ऐ मधु! जल्दी आओ! देखो, यह क्या चमत्कार है!"

देखते-ही-देखते, फ्लैट में घरों के बरामदे लोगों से भर गए। खिड़कियों पर तरह-तरह के चेहरे दिखाई देने लगे। आस-पड़ोस के घरों पर और खिड़कियों तथा छत पर लोगों की भीड़ गिजमिज करने लगी। राह चलते लोग भी इस चीख-पुकार से चौंक कर खड़े हो गए थे। सबकी आँखें महादेव मित्र को देख रही थी। सभी लोग आश्चर्य चकित! क्या किया जाए, किसी को कुछ समझ में नहीं आ रहा था। राह चलता एक आदमी कहने लगा, "यह अलौकिक बात है। अद्‌भुत! मैंने जीवन में ऐसा दृश्य कभी नहीं देखा।"

एक अन्य आदमी ने कहा, "बड़े-बड़े योगी ही ऐसे शून्य में तैर सकते हैं।"

एक और आदमी ने कहा, "हम लोगों को ही आगे बढ़कर कुछ करना चाहिए।"

एक आदमी पूछने लगता है- "क्या करना चाहिए?"

दूसरा कहने लगा, "हम लोगों को तुरंत थाने में ख़बर करनी चाहिए।"

इसके उत्तर में किसी ने कहा, "चलिए, हम लोग ही अब थाने चलते हैं।"

नज़दीक ही नारकेल डाँगा का थाना है। तीन लोग दौड़ते-दौड़ते थाने में हाज़िर हुए। किस्मत अच्छी थी कि थाने के बड़े बाबू उनको अपने कमरे में मिल गए। पर्दा हटाकर तीनों अंदर प्रवेश करते हैं।

एक ने कहा, "मोहल्ले में एक अद्‌भुत घटना घटी है। आप जल्दी कुछ कीजिए सर!"

बड़े बाबू ने पूछा, "क्या हुआ है? किसका ख़ून हुआ है? किसी का बलात्कार हुआ है क्या? चोरी हुई है या कि डकैती हुई है?"

"नहीं सर यह सब कुछ भी नहीं हुआ है।"

"तब?"

"एक आदमी शून्य में तैर रहा है।"

यह सुनकर बड़े बाबू ने चौंककर कहा, "एक आदमी शून्य में तैर रहा है! आप लोगों का दिमाग़ तो ठीक है?"

दूसरे आदमी ने कहा, "दिमाग़ ठीक है सर! आप चलिए। चलकर खुद ही देख लीजिए।"

बड़े बाबू ने पूछा, "कैसे हुआ यह सब?"

"मैं नहीं कह सकता सर!"

"यह तो एकदम ही मज़ाक की बात है।"

"नहीं सर, यह मज़ाक की बात नहीं है। यह बिल्कुल ही सच है। आप खुद चलकर देख लीजिए, देखने से समझ जाइएगा कि हम लोग सच कह रहें हैं।

"उस आदमी का नाम क्या है?"

तीसरे व्यक्ति ने कहा, "महादेव मित्र।"

"कहाँ रहता है वह?"

"शांति निकेतन में।"

"शांति निकेतन! वह तो बोलपुर में है।"

"बोलपुर में नहीं सर। विप्र दास स्ट्रीट में एक दस मंज़िला फ्लैट है। उसी फ्लैट का नाम शांति निकेतन है।"

"हूँ, समझा। अच्छा तो आप लोग अभी जाइए। देखता हूँ क्या किया जा सकता है।"

तीनों यह सुनकर निराश होकर अपने मोहल्ले में लौट आए। थोड़ी देर बाद थाने से बड़े बाबू आए। चारों तरफ़ लोगों की वैसी ही भीड़ थी।

बड़े बाबू ने पूछा, "महादेव मित्र कहाँ हैं?"

तभी कुछ लोगों ने आकाश की तरफ़ उँगली उठाकर कहा, "वह देखिए सर!"

बड़े बाबू आकाश की तरफ़ देखते हुए बोले, "अद्‌भुत! ऐसा दृश्य मैंने जीवन में कभी नहीं देखा।" फिर कुछ देर रुकने के बाद वह कहने लगे, "लेकिन महादेव बाबू तो तैरते-तैरते आमहक़ स्ट्रीट के थाने क्षेत्र में चले गए हैं। अब मैं कुछ नहीं कर सकता हूँ। आप लोग आमहक़ स्ट्रीट के थाने में ख़बर दीजिए। यह सुनकर एक आदमी ने कहा, "आप ही यह सूचना दे दीजिए सर।"

"मैं क्यों सूचना दूँ? आप लोग जाइए और जाकर ख़बर दीजिए।"

जल्दी-जल्दी तीनों आमहक़ स्ट्रीट के थाने में पहुँचे। थाने के बड़े बाबू इन लोगों से यह सब सुनकर उत्सुक हो उठे। वह एक पल भी देरी ऩ करके घटना स्थल की तरफ चल दिए। वहाँ पहुँचकर आकाश की तरफ़ देखते हुए कहते हैं, "ताज्जुब!

यह संभव हुआ कैसे? क्या ये योगसाधना करते थे?''

इसके उत्तर में कुछ लोग ही बोले, ''हम नहीं जानते सर!''

कुछ लोगों ने कहा, ''हाँ, वे योगसाधना करते थे।''

बड़े बाबू कहते हैं, ''मुझे भी यही लग रहा है। वे निश्चय ही बहुत बड़े योगी हैं। योगसाधना करते-करते अपने शरीर को शून्य में तैरने के लिए छोड़ दिया है। डरने की कोई बात नहीं है, वे खुद ही फिर से धरती पर लौट आएँगे।''

एक आदमी उतावला होकर बोला, ''यदि नहीं आएँ तो सर?''

बड़े बाबू ने कहा, ''नहीं आए तो करने को कुछ भी नहीं है, वे इसी तरह ही शून्य में तैरते रहेंगे। मैंने तैलंग स्वामी की जीवनी पढ़ी है। वे भी इस तरह की अद्भुत-अद्भुत करिश्मे किया करते थे। फिर भी लाल बाज़ार के थाने में इस घटना की सूचना दे देनी चाहिए। मैं ही इसकी सूचना दे देता हूँ।''

इस विचित्र घटना की सूचना पाकर लाल बाज़ार थाना से पुलिस कमिश्नर भागे-भागे आए। साथ में एक गाड़ी पुलिस फोर्स। चारों तरफ़ पुलिस और लोगों की भीड़ फैल गई। पुलिस कमिश्नर ने जीप से उतरते ही आमहक़ स्ट्रीट थाना के बड़े बाबू से पूछा, ''कहाँ, कहाँ है वह आदमी?''

बड़े बाबू आकाश के तरफ़ उँगली उठाकर कहते हैं-''वह देखिए सर! अरे! थोड़ी देर पहले वह यहीं तो थे। अभी तैरते-तैरते थोड़ी दूर चले गए हैं। वे निश्चय ही महायोगी हैं। महायोगी के अतिरिक्त अन्य कोई इस तरह से शून्य में नहीं तैर सकता है।''

कमिश्नर ने पूछा, ''सच?''

''हाँ सर।''

कमिश्नर अपना दोनों हाथ जोड़कर शून्य में तैर रहे महादेव मित्र को प्रणाम करते हैं। यह देखकर समस्त पुलिसवाहिनी भी महादेव मित्र को प्रणाम करने लगी।

बड़े बाबू कहने लगते हैं, ''सर बहुत से लोग ऐसी चीज़ों पर विश्वास नहीं करते हैं। जो लोग यह विश्वास नहीं करते हैं, उन लोगों के कान पकड़कर यह दिखाना चाहिए सर।''

उत्तर में कमिश्नर ने कहा, ''आप ठीक कह रहे हैं। पर अभी हम लोगों को क्या करना चाहिए?''

''वे अभी जैसे हैं, वैसे ही रहें, उन्हें तंग करने की कोई ज़रूरत नहीं है। उन्हें जब ज़रूरत होगी, तो वे खुद ही धरती पर उतर आएँगे।''

''यह ठीक नहीं है। इस तरह से उनके तैरते रहने से पूरा शहर उन्हें देखने के लिए उतावला हो उठेगा। शहर में कानून व्यवस्था ठीक नहीं रहेगी। शहर में खून-

ख़राबा, लूट-मार, डकैती और बलात्कार बढ़ जाऐंगे। तुरंत ही उन्हें धरती पर उतार लाना ठीक रहेगा।''

''कैसे सर?''

''वही तो मैं सोच रहा हूँ। हम लोगों के पास क्या इतनी ऊँचाई तक पहुँचने के लिए कोई सीढ़ी या टेबल है?''

''नहीं सर।''

''तब एक काम किया जा सकता है।''

''क्या सर?''

''हैलीकॉप्टर के सहारे उन्हें उठा लिया जा सकता है।''

''ऐसा करना ठीक नहीं होगा सर! वे नाराज़ होकर हेलीकॉप्टर को भस्म कर सकते हैं। तब क्या होगा सर?''

''यह तो सोचने की बात है। लेकिन कुछ तो करना ही होगा सर। इस समय हम लोग हाथ पर हाथ धरे बैठ तो नहीं सकते हैं न?''

''आप एक काम कीजिए सर!''

''क्या?''

''आप इस विषय में मुख्यमंत्री जी से चर्चा कीजिए। उन्हें जो करना होगा, अब वे ही करेंगे। हम लोग तो साधारण आदमी हैं। हम लोग ऐसा कुछ नहीं करेंगे, जिससे ये महायोगी हम लोगों के ऊपर नाराज़ हो जाएँ।''

''आप ठीक कह रहे हैं। मैं मुख्यमंत्री जी से मिलता हूँ। देखता हूँ, वह क्या कहते हैं।''

मुख्यमंत्री अभी-अभी अपनी कुर्सी पर आकर बैठे ही थे कि पुलिस कमिश्नर हड़बड़ातें हुए उनके कमरे में पहुँचे। मुख्यमंत्री ने उन्हें बैठने के लिए कहा।

कमिश्नर बैठते ही कहने लगे, ''एक अद्‌भुत अलौकिक घटना घटी है सर! आपने कुछ सुना है क्या?''

''नहीं, मैंने कुछ नहीं सुना है। क्या हुआ है?''

''कोलकाता के आकाश में एक महायोगी तैरते हुए शहर का भ्रमण कर रहें हैं।''

मुख्यमंत्री बहुत ही बुद्धिमान इंसान हैं। विज्ञान में विश्वास करनेवाले आदमी नहीं हैं। वह किसी भी प्रकार की आलौकिकता में विश्वास नहीं रखते हैं। कमिश्नर की बात से परेशान होकर कहने लगे, ''आप एक शिक्षित और बुज़ुर्ग आदमी होकर इन सब बातों पर विश्वास करते हैं।''

कमिश्नर ने कहा, ''यह विश्वास-अविश्वास की बात नहीं है सर! मैं खुद

अपनी आँखों से देखकर आ रहा हूँ।''

''कहाँ देखा है?''

''आमहक़ स्ट्रीट में।''

''मुझे दिखा सकिएगा?''

''हाँ, दिखा दूँगा सर! लेकिन वह तो तैर रहे हैं। इस समय कहाँ पर हैं, मैं यह कह नहीं सकता। मैं फ़ोन करके अभी पूछ लेता हूँ।'' यह कहकर कमिश्नर ने फ़ोन पर पूछा, ''वह महायोगी इस समय कहाँ पर तैर रहे हैं?'' उत्तर मिला, ''वे अभी ठन-ठन की कालीबाड़ी के पास है।''

कमिश्नर ने फिर पूछा, ''अभी वे किस तरफ़ जाते लग रहे हैं?'' उधर से उत्तर मिला, कुछ समझ में नहीं आ रहा है सर! पर लग रहा है कि अब उनकी गति लाल बाज़ार की तरफ़ है।''

''रास्ते के हालत कैसे हैं?''

''बहुत भयानक सर! यातायात बंद हो गया है। चारों तरफ़ भीड़ लगी हुई है।''

''भीड़ कुछ गड़बड़ तो नहीं कर रही है न?''

''थोड़ी-बहुत गड़बड़ तो होगी ही सर! लेकिन डरने की कोई बात नहीं है।''

''आख़िर भीड़ कर क्या रही है?''

''लोग हाथ जोड़कर आकाश की तरफ़ देख रहे हैं और कुछ लोग बुदबुदाकर कुछ कह भी रहें हैं। ऐसा लग रहा है जैसे प्रार्थना कर रहे हैं।''

''सरकार विरोधी कोई प्रार्थना तो नहीं कर रहें हैं न?''

''कुछ समझ में नहीं आ रहा है सर!''

''ठीक है। आप कानून-व्यवस्था पर कड़ी नज़र रखें। लोगों पर ध्यान रखिए कि कोई सरकार विरोधी प्रार्थना तो नहीं कर रहा है। ऐसा हो तो उसे सीधे अरेस्ट कर लीजिएगा।'' यह कहकर कमिश्नर ने फ़ोन रखकर मुख्यमंत्री से कहा, ''चिंता की कोई बात नहीं है सर, वह महायोगी अभी तैरते-तैरते लाल बाज़ार की तरफ़ ही आ रहे हैं। आपकी इच्छा हो तो आप उन्हें एक बार देख सकते हैं।''

मुख्यमंत्री ने एक पल सोचने के बाद कहा, ''नहीं, नहीं, मैं देखने नहीं जाऊँगा। मैं विचारवादी हूँ। मैं इस पर विश्वास नहीं करता। मुझे लगता है इसके पीछे किसी शत्रुपक्ष का हाथ है।''

''शत्रुपक्ष से आप क्या कहना चाहते हैं सर? केंद्र?''

''केंद्र अब शत्रुपक्ष नहीं है। केंद्र अभी हम लोगों की मुट्ठी में है।''

''तब क्या अमेरिका?''

''नहीं, अमेरिका नहीं। अमेरिका के साथ अभी हम लोगों का व्यावसायिक आदान-प्रदान चल रहा है। सिर्फ़ यही नहीं, हमलोगों के बच्चे अब वहाँ पढ़-लिख

रहे हैं। यहाँ के लोग वहाँ नौकरी भी कर रहे हैं। फिर तो अमेरिका जाने के लिए वीज़ा मिलने में थोड़ी देरी हो रही है। यह कोई बात नहीं है। ख़ैर, अमेरिका अभी हम लोगों का मित्र है।''

''तब शत्रु कौन है सर?''

''अभी इस देश में आतंकवादी ही हम लोगों के प्रधान शत्रु हैं। ये लोग बहुत ही शिक्षित हैं। बहुत ही बुद्धिमान और संगठित हैं। लग रहा है यही लोग विज्ञान की सहायता से एक आदमी को इस तरह से आकाश में भेजकर चारों तरफ़ से परेशानी बढ़ाना चाहते हैं।''

''इनका उद्देश्य सर?''

''इस तरह की विशृंखला फैलाते हुए जन-विस्फोट करना ही इनका उद्देश्य है। ये लोग लाल बाज़ार, सचिवालय, रिज़र्व बैंक, अदालत, विधानसभा आदि को उड़ा-कर तहस-नहस कर देना चाहते हैं। शायद शिल्प, स्वास्थ्य और शिक्षा को लेकर जनता में बहुत रोष है। यही डर की बात है।

''तब आप लोग एक काम कीजिए?''

''क्या सर?''

''किसी का चाल-चलन, या किसी का भी चेहरा संदेह जनक लगे तो उसे अरेस्ट कर लें। एक को भी पकड़ने से सारा तथ्य सामने आ जाएगा।''

''यही होगा सर!''

लाल बाज़ार थाना के कमिश्नर बड़े-बड़े पुलिस अधिकारियों को लेकर मीटिंग में बैठते है। बैठक से जो बातचीत सामने आई, वह इस तरह से हैं :

''मुख्यमंत्री कह रहें हैं कि इस घटना के पीछे आतंकवादियों का हाथ है।''

''इसका अर्थ यह हुआ कि वह महादेव मित्र एक महायोगी नहीं, वह एक आतंकवादी हैं।''

''मुख्यमंत्री जब कह रहें हैं तो उन्हें अब महायोगी समझने की कोई ज़रूरत नहीं है। अब से हम लोग यही समझेंगे कि वह एक आतंकवादी हैं।''

''उनका कोई उद्देश्य?''

''इस तरह से विशृंखला फैलाते हुए कोई बहुत बड़ी अवास्तविक घटना को जन्म देना ही इसका उद्देश्य है। ऐसा करके वर्तमान सरकार को हटाकर अपना अधिकार क़ायम करना चाहते हैं।''

''यह तो बहुत भयानक बात है सर। हमलोगों का अब क्या होगा?''

''आप लोगों को डरने की कोई बात नहीं है। सभी थानों को मैंने सूचित कर दिया है। महाकरण के सामने, विधानसभा के सामने, रिज़र्व बैंक आदि के सामने,

सभी जगहों पर मिलिट्री उतार दी गई है। सभी अदालतों में काम बंद रखने को कहा गया है। अतः इन सभी जगहों में आतंकवादी विशेष कोई षडयंत्र नहीं कर पाएँगे। सभी मंत्रियों को अपने-अपने घरों में भेज दिया गया है। सिर्फ़ मुख्यमंत्री ही अपने ऑफ़िस में रह गए हैं। अभी हम लोगो को कोई आतंकवादी खोज कर निकालना होगा। किसी भी आदमी पर संदेह हो तो उसे अरेस्ट करना ही होगा। याद रखें, उसे पकड़ने से ही आतंकवादियों के परियोजनाओं का पता चल सकता है।''

''मैं कुछ कहना चाहता हूँ सर!''

''कहिए।''

''आप क्या सचमुच ऐसा सोचते हैं कि यह महायोगी एक आतंकवादी हैं?''

''देखिए, मैं क्या सोचता हूँ, यह बड़ी बात नहीं है। मुख्यमंत्री क्या सोच रहे हैं, यही सबसे बड़ी बात है। मुख्यमंत्री को लग रहा है कि इसके पीछे किसी आतंकवादी का हाथ है।''

''तब हमें एक काम करना चाहिए सर।''

''क्या?''

''महादेव मित्र को गोली से मार दीजिए सर। सब झमेला ही ख़त्म हो जाएगा।''

''नहीं, हरगिज़ नहीं। ऐसा कोई काम हरगिज़ नहीं कीजिएगा। महादेव मित्र को जनता अभी महायोगी समझ रही है। महादेव मित्र को गोली से मार देने पर पुलिस चिह्नित हो जाएगी। जनता की हमलोगों पर से आस्था उठ जाएगी। जनता का हमलोगों पर कोई विश्वास नहीं रहेगा।''

''ऐसा है तो हमलोगों को अब क्या करना चाहिए?''

''किसी आतंकवादी को गिरफ़्तार करना ही होगा।''

ठीक इसी समय फ़ोन बज उठा। कमिश्नर फ़ोन पकड़ते ही कहते हैं, ''हैलो...''

''मैं बऊतला थाने से बोल रहा हूँ।''

''कहिए।''

''हम लोगों ने एक आतंकवादी को पकड़ा हैं, जिसका नाम अभय मिस्त्री है। उसकी बातें बहुत ही संदेह जनक लग रही है।''

''वाह! यह बहुत ही चमत्कारी ख़बर है। उसे पकड़कर जल्दी यहाँ लेकर आइए।''

अभय मिस्त्री को पूछताछ के लिए लाल बाज़ार थाना लाया गया। उसकी उम्र यही कोई पच्चीस-छब्बीस वर्ष की होगी। उसके शरीर का रंग काला है।

''क्या नाम है तेरा?''

''अभय मिस्त्री।''

"रहता कहाँ है?"

"सॉल्टलेक में।"

"क्या काम करता है?"

"मुख्यमंत्री के घर का नौकर हूँ।"

"हाँ...हाँ...हाँ...! मज़ाक करने के लिए कोई और जगह नहीं मिली। मुख्यमंत्री के घर में काम करता है। ठहर मैं तूझे मज़ा चखाता हूँ। ...तब उधर कहाँ गया था?"

"हाथीबगान।"

"क्या करने गया था?"

"मेरी माँ वहाँ पर किसी के घर में काम करती है। उसकी तबियत ख़राब है। सो मैं अपनी माँ को वहाँ देखने गया था।"

"झूठ बोल रहा है।"

"झूठ नहीं सर! मैं सच कह रहा हूँ। आप मुख्यमंत्री को फ़ोन करके पूछ लीजिएगा तो यह सच मालूम हो जाएगा।"

"ठीक है तब यही करता हूँ।" यह कहकर कमिश्नर ने मुख्यमंत्री को फ़ोन लगाया।

"हैलो!"

"हैलो, मैं कमिश्नर बोल रहा हूँ।"

"कहिए।"

"हम लोगों ने एक आतंकवादी को पकड़ा है। उसका नाम अभय मिस्त्री है। वह कह रहा है कि आप के घर में काम करता है।"

"वह देखने में कैसा है, कहिए तो?"

"उसका रंग काला है। उसकी फैली हुई नाक है। सिर पर कटे का निशान है। उसकी आँखें भूरी है और बाएँ हाथ में छह उँगलियाँ है।"

"अरे! यह क्या कर दिया आप लोगों ने। अभय झूठ नहीं बोल रहा है। वह मेरे घर में ही काम करता है। उसे पकड़कर रखने से मेरी पत्नी मुझे घर में घुसने नहीं देगी। आप लोग जल्दी-से-जल्द उसे अपनी गाड़ी से सॉल्टलेक पहुँचा दें। सच में आप लोगों को लेकर चलना बहुत मुश्किल है। पता नहीं आप लोग क्या कीजिएगा।"

सभी अख़बारों में, दफ़्तरों में, टीवी चैनलों में, रेडियो सेंटर आदि में यह सूचना फैल गई। सूचना फैलते ही अधिक-से-अधिक पत्रकार और फ़ोटोग्राफ़र दौड़े-दौड़े आने लगे। भीड़ को पार करते हुए फ़ोटोग्राफ़र घर की छतों पर चढ़कर इधर-उधर फैलने लगे, और विभिन्न कोणों से तैर रहे महादेव मित्र का फ़ोटो खींचने लगे। कुछ पत्रकार रास्ते में आते-जाते लोगों को बुला-बुलाकर अपने विभिन्न तरह के प्रश्नों से

इसके तथ्यों तक जाने की कोशिश करने लगे। एक जगह का प्रश्न और उसका उत्तर लगभग ऐसा रहा :

"आप क्या इस महायोगी को पहचानते हैं?"

"हाँ, पहचानता हूँ। उनके पास अद्‌भुत क्षमता है।"

"कैसी क्षमता?"

"वे प्रतिदिन दो बेल पत्र के अतिरिक्त और कुछ नहीं खाते हैं।"

"इतने से उनका पेट भर जाता है?"

"हाँ।"

"इसके अतिरिक्त उनकी और क्या क्षमता है?"

"वे योगसाधना करते-करते शून्य में उठ जाते हैं। वे जिस आदमी से जो कहते हैं, वही होता है। वह बहुत ही सिद्ध आदमी है। वे बहुत से अँधों की आँखो की रोशनी लौटा चुके हैं। बहुत से मरे हुए इंसानों को जीवित कर चुके हैं। सब कुछ उनकी इच्छाओं पर निर्भर करता है। इस काल के लिए वे तैलंग स्वामी हैं।"

और एक जगह एक पत्रकार से हुई बातचीत इस प्रकार है :

"आप क्या करते हैं?"

"मैं एक शिक्षक हूँ।"

"आप इस अलौकिक घटना को किस तरह से देख रहें हैं?"

"इसका मतलब। आप जैसे देख रहें हैं, मैं भी वैसा ही देख रहा हूँ।"

"मैं यह नहीं जानना चाह रहा हूँ। मेरे कहने का मतलब है क्या आप इस अलौकिक घटना के पीछे, कोई आतंकवादी साज़िश देख पा रहें हैं?"

"नहीं, इसमें मैं कोई साज़िश नहीं देख पा रहा हूँ। वह सब तो राजनैतिक लोगों को ही दिखाई देता हैं। हम लोग तो कुछ देख नहीं सकते हैं ना।"

महादेव मित्र की इस घटना को लेकर सबके घरों में बातचीत होने लगी है। वह तैरते हुए साक्षात भगवान शिव हैं। मनुष्य के दुख और कष्टों को दूर करने के लिए ही हमारे बीच नर के रूप में अवतरित हुए हैं। इस नर रूपी देवता के लिए कुछ भी अनजाना नहीं है। यही कारण है कि महादेव मित्र को प्रणाम करते हुए लोग अपनी विभिन्न प्रकार के प्रार्थनाओं को उनसे कहने लगे हैं। जिसमें से कुछ प्रार्थनाएँ इस प्रकार है :

"मेरा बेटा बहुत दिनों से बीमार है। बाबा, आप उसे ठीक कर दीजिए।"

"मैं अपने पति से छुपकर झंटु के साथ घूमती रहती हूँ। नज़र रखना बाबा कि मैं पकड़ी न जाऊँ।"

"एक अच्छी नौकरी के लिए मैं पाँच वर्षों से कोशिश कर रहा हूँ। अभी तक

कुछ भी नहीं हो पाया है। मेरे लिए एक अच्छी नौकरी की जुगाड़ लगा दो बाबा।''

''मैं हर बार जाली वोटों से ही चुनाव में निर्वाचित होता आया हूँ। देखना बाबा अगली बार भी ऐसा ही करके मैं जीत जाऊँ।''

''मैं एक झूठे मुकदमे में फँस गया हूँ। हमें इस मुकदमे से मुक्ति दिला दो बाबा।''

''एक समय मैं बहुत ही ग़रीब था बाबा। राजनीति कर के ही दोनों हाथों से धन कमाया है। तुम इसे मेरा अपराध मत समझो बाबा।''

''मेरे लड़के को इंजीनियर या डॉक्टर बना दो। मेरी लड़की की शादी एक अच्छे लड़के से करा दो बाबा।''

''मैं रोज़ ही घूस लेता हूँ। दूसरों के पैसों से शराब पीता हूँ, मौज-मस्ती करता हूँ। देखना बाबा, ऐसा करते हुए मेरा जीवन अच्छे से कट जाए।'' इत्यादि इत्यादि।

हवा में विचित्र गति है। महादेव तैरते-तैरते गंगा को पार करते हुए अब हावड़ा चले गए। फिर वहाँ से तैरते-तैरते डायमंड हार्बर चले गए। उसके बाद तैरते हुए कोलकाता आ गए हैं। तब शाम के पाँच बज रहे थे। सूरज डूबने लगा था। कुछ देर में ही अंधेरा फैल जाएगा, फिर कुछ भी दिखाई नहीं देगा। इतनी देर महादेव बाबू रोशनी में तैर रहें थे, उन्हें तैरना अच्छा ही लग रहा था। यह एक विचित्र अनुभव था। जीवन में बहुत बार सपने में इस तरह से तैरते रहे हैं। इस वृद्धावस्था में आत्महत्या करने के लिए खुले बरामदे से कूद जाने से ऐसी अवस्था होगी, यह सोचा भी नहीं था। वे सोच नहीं पाए थे कि उनका शरीर धरती पर न गिरकर इस तरह से शून्य में तैरता रहेगा। अभी और कितने दिनों तक इस तरह से तैरना होगा, यह तो ईश्वर ही जानता है। सुबह तो उन्हें इस तरह से तैरना अच्छा ही लग रहा था, पर अब उन्हें इस तरह से तैरना अच्छा नहीं लग रहा है। उन्हें अब डर लगने लगा है। उन्हें लग रहा है कि अब वह इस तरह से तैरते-तैरते चले जाएँगे हिमालय की तरफ़ या बंगसागर की ओर। उसके बाद यह भी ठीक नहीं है वह भयंकर आँधी से कहीं खो न जाएँ। किसी को भी उनकी ख़बर नहीं लगेगी। ऐसे समय में उन्हें अपने बच्चों की याद आ गई। अपने भाइयों की याद आने लगी। कुँआरे साले अजित बसु की याद आ गई। उनका मन परेशान होने लगा। सबके लिए उन्हें कष्ट होने लगा। सभी को एक बार देखने की इच्छा प्रबल होने लगी। पर यह तो अब संभव नहीं है। क्या पता हवा उन्हें खींचकर ले जाए राजस्थान के मरुभूमि की तरफ़ या तिब्बत के ठंडे प्रदेश में या अरब महासागर में। अब उन्हें अहसास होने लगा कि उन्होंने ऐसा कर के गलती की हैं। आत्महत्या की कोशिश करना ठीक नहीं हुआ। मर जाने से जीवित रहना बहुत अच्छा है। मगर अब वह कैसे अपने फ्लैट की तरफ़ लौट पाएँगे? इस तरह से तैरना उन्हें

अब एक पल भी अच्छा नहीं लग रहा था। यहाँ वे एकदम अकेले है, यहाँ चारों तरफ़ शून्य के अतिरिक्त और कुछ भी नहीं है। इस वृद्धा अवस्था में उनकी आँखों में आँसू आ गए। वह फिर से अपनी प्यारी धरती को पाने के लिए तड़प उठे। वह अब फिर से लौट जाना चाहते हैं–नारकेल डाँगा के उस ढाबे पर, सर्कुलर रोड, ट्राम लाइन, विशु की चाय दुकान, ऋषिकेश पार्क, विद्यासागर स्ट्रीट, सिटी कॉलेज, ठनठन के कालीबाड़ी में। सभी उसे बुलाने लगे हैं–"आओ, यहाँ चले आओ।" अब लौट के आ जाओ। तभी वह एक अद्‌भुत खिंचाव महसूस करने लगे। उन्हें लगने लगा कोई उन्हें एक निर्दिष्ट जगह लेकर जाने लगा है। वह क्या हवा है या कोई महाकर्षक शक्ति? यह नहीं तो और क्या है? महादेव मित्र यह समझ पाते, इसके पहले ही कोई एक अदृश्य अलौकिक शक्ति उन्हें उनके फ़्लैट के बरामदे में उतारकर चली गई। वे अवाक् होकर कुछ देर बरामदे में खड़े रहे।

ठीक इसी समय दरवाज़े की घंटी बज उठी। वे अपने फ़्लैट का दरवाज़ा खोलने के लिए आगे बढ़े। निश्चय ही उनका साला अजित आया होगा। दरवाज़ा खोलते ही वह चौंक गए। उनके सामने पुलिस खड़ी थी। उसमें से एक पुलिस ने पूछा, "आप ही महादेव मित्र हैं?"

"हाँ।"

"आपको एक बार थाने चलना होगा।"

"क्यों?"

"आपके ख़िलाफ़ आरोप है।"

"किस तरह का आरोप?"

"आप एक आतंकवादी हैं। हमारे देश के लिए आप बहुत ही ख़तरनाक आदमी हैं।"

❑

# फाँसी की कमेंट्री

आज सुबह दस बजे निमाई मंडल की फाँसी है। टीवी पर इसका सीधा प्रसारण दिखाया जाएगा। जिसका प्रसारण सुबह नौ बजे से शुरू होगा।

इसलिए सबों की नींद नियत समय पर सुबह पाँच बजे ही खुल गई। जिनकी नींद नहीं खुली, उनको धक्के देकर उठाया गया। घर के पुरुष जल्दी ही बाजार कर के लौट आएँ। गृहणियाँ जल्दी ही खाना बनाकर टीवी के सामने बैठ गईं। और घर के छोटे-छोटे बच्चे भी अपना हाथ-मुँह धो कर, दूध-अंडा खाकर, अपने-अपने माता-पिता के साथ टीवी के सामने बैठ गए हैं। कोई ऑफ़िस नहीं गया। कोई अदालत नहीं गया। कोई स्कूल-कॉलेज भी नहीं गया। जो व्यवसायी हैं वह भी आज घर से बाहर नहीं निकले। आज नौ बजे के पहले ही बाज़ार और रास्ता-घाट सुनसान हो गया। ट्राम और बसें खाली रहीं। देश की पूरी जनता अभी इस वक्त टीवी के सामने बैठी है।

नौ बजते ही टीवी के स्क्रीन पर एक सुंदर युवती का चित्र उभर कर आता है। सुंदरी दर्शकों को नमस्कार करते हुए कहती है, अभी शुरू होने वाला है बकरी हत्यारा निमाई मंडल की फाँसी का आँखों देखा अनुष्ठान। इस अनुशन की कमेंट्री करेंगे सुविख्यात आवृत्तिकार श्री चंपक लहरी। इसके पहले छोटे-से एक ब्रेक के लिए रुकते हैं। ब्रेक के बाद हम सुनते हैं सुश्री चंपक लहरी से फाँसी की कमेंट्री।

इश्तिहार एक :

पति : आज माछ भाजा खाना अच्छा नहीं लग रहा। मछली तुम तली हो या कोई और?

पत्नी : नहीं बताऊँगी।

पति : ऐसा क्यों? मैं तुम्हारा पति हूँ मुझे नहीं बताओगी?

पत्नी : बताऊँगी हे, बताऊँगी।

पति : तब कहो ना।

पत्नी : आज मैं 'राधा' तेल में मछली ताली हूँ। 'राधा' शुद्ध सरसों का तेल है। इसमें थोड़ी-सी भी मिलावट नहीं है। (दर्शकों को देखते हुए) आप सभी 'राधा' से

रसोई बनाईये। स्वाद में अंतर पाईए। 'राधा' स्वास्थ्य के लिए उपयुक्त ही नहीं, यह दाम में भी सस्ता है। एक लिटर मात्र सत्तर रुपये में। सभी दुकानों में आसानी से उपलब्ध है।

इश्तिहार दो :

एक बूढ़ा आदमी निश्चिंत होकर ईजी चेयर पर सोया हुआ है। दस वर्ष का पोता उसे बुलाता है, दादा जी, आप सोए हुए हैं।

दादा : क्यों?

पोता : इस तरह आप इतने निश्चिंत होकर सोए कैसे रह सकते हैं?

दादा : रहूँगा नहीं! मैंने जो जीवन बीमा किया था, अब उसका फल भोग रहा हूँ। (अब दर्शकों को देखते हुए) आप सभी लोग भी जीवन बीमा कीजिए। तब आप भी मेरे तरह निश्चिंत होकर रह सकते हैं।

अब टीवी के परदे पर चंपक लहरी दिखाई दे रहे हैं। अपने दर्शकों की तरफ मुखातिब होकर वे कहते हैं, बहुप्रचारित बहुप्रलक्षित अनुष्ठान फाँसी का आँखों देखा विवरण प्रस्तुत होने जा रहा है। इसके पहले आप अभी हमारे साथ चलिए, हम यह देखें कि जेल में कैदी रहते कहाँ हैं।

कैमरे की आँख उसी क्षण कैदियों के घरों को दिखाने लगती हैं। इसके साथ ही कैदियों को दिखाती है। सबके चेहरे पर विषमता, उदासी और हताशा छाई हुई है। किसी-किसी की आँखों में अद्भुत शून्यता छाई हुई है। अब कैमरे की आँखें जाकर स्थिर होती हैं फाँसी की आसामी निमाई मंडल की कोठरी में। कोठरी में निमाई मंडल अपने घुटनों में सिर रखे बैठा दिखाई दे रहा है।

अब चंपक लहरी निमाई मंडल से पूछते हैं, "आप सुन रहे हैं?"

निमाई मंडल घुटनों से अपना सिर ऊपर उठाते हुए कहता है,"आप कुछ पूछ रहे हैं?"

"आप कल रात भोजन किए हैं?"

"हाँ।"

"क्या खाए हैं?"

"रोटी तरकारी।"

"रात को अच्छी नींद आई है?"

"हाँ।"

"सुबह क्या खाए हैं?"

"अंडा, टोस्ट और चाय।"

"स्नान किए हैं?"

"हाँ।

"आपको आज कुछ देर बाद फाँसी दिया जाएगा। इसके लिए आपको किस तरह का कष्ट हो रहा है?"

"कोई कष्ट नहीं हो रहा है।"

"विधायक अनिल कर्मकार के प्रिय बकरी की हत्या करने का आपको कोई पछतावा नहीं है?"

"पछतावा क्यों होगा? मैंने कोई अपराध नहीं किया है। वह बकरी मेरी थी। वह उस बकरी को मेरे पास से माँग कर ले गए थे। उसके बाद वे बकरी वापस नहीं किए।"

"आप क्या अनिल बाबू के घर में काम करते थे?"

"हाँ।"

"क्या काम करते थे?"

"सभी तरह का काम करता था।"

"तो फिर आपकी नौकरी कैसे चली गई?"

"कई दिन बाद जब मैं उनसे बकरी माँगने गया तो, वह मुझ पर नाराज़ होते हुए बकरी देने से मना कर दिए। उसके बाद एक दिन रात के अंधेरे में उस बकरी को उठाकर मैं अपने घर ले आया। दूसरे दिन अनिल बाबू मेरे घर आकर मुझे धमकी देने लगे, "बकरी मुझे एक घंटे में वापस चाहिए नहीं तो मुसीबत में पड़ जाओगे।" इस बात से मैं यह तय नहीं कर पा रहा था कि बकरी का क्या करूँ? फिर मैं उस बकरी को मारकर खा गया। इसमें मेरा अपराध क्या है, यह मैं नहीं जानता।"

अब चंपक लहरी दर्शकों के तरफ देखते हुए कहते हैं, "आप लोग निमाई मंडल की बातें सुने। निमाई मंडल ने जो भी कहा है क्या वह सत्य है? मगर अदालत का कहना कुछ और ही है। अदालत की बातों पर हम बाद में आते हैं। उसके पहले आप लोग एक छोटा सा ब्रेक स्वीकार करें।

इश्तिहार एक :

श्याम बाजार के मोड़ पर 'मनोरमा वस्त्रालय' में चले आइए। यहाँ आपको सभी तरह की साड़ियाँ, उचित दामों में प्राप्त होंगी। यहाँ आपको मिलेगा बहुत ही आकर्षक उपहार। कैसा उपहार! निश्चय ही आप यह जानने की कोशिश करेंगे। तब यह जान लें, दो सौ की एक साड़ी पर दो सौ की एक साड़ी फ्री। जल्दी आइए स्टॉक समाप्त होने के पहले चले आइए। हमारा पता है.... फोन नंबर...

इश्तिहार दो :

बेटी की शादी है। शादी में बेटी को गहना देना है इसके लिए चिंता करने की कोई जरूरत नहीं है। इतना परेशान क्यों हो रहे हैं? इतना रुपया कहाँ मिले? सोचने की जरूरत नहीं है। आप 'राय एंड दत्त ज्वेलर्स' में चले आइए। हम इसकी पूरी व्यवस्था कर देंगे। आप हम पर भरोसा रखें। आपसे उचित मूल्य ही लिया जायेगा। क्या हुआ? परेशानी निश्चय ही अब आपकी कम हुई। हमारा पता है...फोन नंबर...

चंपक लहरी आख्यान :

हम अब फिर लौट आए हैं। अब देखिए, जेलर मिस्टर दास आसामी निताई मंडल की कोठी के तरफ कैसे धीर कदमों से बढ़ते आ रहे हैं। उनके साथ यह देखिए, चार रक्षक भी हैं। जेल के रक्षक उनके पीछे-पीछे आ रहे हैं। आहिस्ता-आहिस्ता ये निमाई मंडल की कोठी के आगे आकर खड़े होते हैं। एक सुरक्षाकर्मी कैदखाने का दरवाज़ा खोलता है। दरवाज़ा खुलते ही निमाई मंडल बिना कुछ कहे उससे बाहर निकल आते हैं। उसके देह पर कैदी का पोशाक है। उसकी दाढ़ी मूछें साफ हैं। सिर के बाल छोटे-छोटे काट दिए गए हैं। इस समय एक सुरक्षाकर्मी उसके दोनों हाथों को पीछे करता है। क्यों पीछे करता है, क्या आप यह जानते हैं, उसके दोनों हाथों को बाँधने के लिए। देखिए, दूसरा सुरक्षाकर्मी अब उसके हाथ को किस तरह बाँधने लगा है। देखिए, हाथ बाँधने का काम अब समाप्त हुआ। अब जेलर निमाई मंडल को फाँसी के मंच पर ले जा रहे हैं। निमाई मंडल के दोनों तरफ और पीछे जेल-कर्मी तैनात हैं। अब फाँसी के मंच की तरफ आप लोग देखिए। देख रहे हैं न, मंच के ऊपर पहले से ही एक जेल-कर्मी तैनात है। आप जानते हैं वह कौन है? उसकी तस्वीर आप सबों ने अखबारों में बहुतों बार देखी है। टीवी के परदे पर भी उसकी तस्वीर देखे हैं। यह चाँदू डोम है। इस अनुष्ठान को बहुत पास से देख रहे इन दर्शकों को आप लोग एक बार देखिए, ये सभी दर्शक इस शहर के विशिष्ट इंसान हैं। यहाँ से इस अनुष्ठान को सही तरह देखते हुए इनके सिर पर धूप न लगे, इसलिए इनके बैठने के लिए पंडाल बनाया गया है। पंडाल में पंखे की व्यवस्था की गई है। चाय कॉफी के साथ शीतल जल की भी व्यवस्था की गई है। इनके बैठने में कोई तकलीफ़ न हो इसके लिए गद्देदार कुर्सियों की व्यवस्था की गई है। इन सभी दर्शकों के मध्य में हैं-मंत्री, पत्रकार, कवि, लेखक, डाक्टर, समाजसेवी, अभिनेता, वकील, विचारक, खिलाड़ी, उद्योगपति आदि। आप लोग देखिए ये कैसे सुसज्जित होकर फाँसी देखने चले आए हैं। इनके साथ इनकी पत्नी और बच्चे भी आए हैं। इसलिए कि इस तरह से अपनी आँखों के सामने फाँसी देखने का मौका जीवन में फिर कभी नहीं मिलेगा। सिर्फ इतना ही नहीं इन दर्शकों में ऐसे भी बहुत से दर्शक हैं जो निमाई मंडल की फाँसी के लिए दीर्घकालीन अथक परिश्रम किए हैं। ये क्या नहीं किए हैं, ये धर्मतल्ला में मंच बनाकर सभा किए हैं, कई बार जुलूस निकाले हैं, टीवी में इस विषय को लेकर ढेरों परिचर्चाएँ करते रहे हैं, अखबारों में इसके लिए बहुत कुछ लिखे हैं। बस इनकी एक ही माँग थी, हिंसक निमाई मंडल को फाँसी हो। इनकी वे सभी इच्छाएँ आज पूरी होने वाली हैं। सबके चेहरे को देखिए, देखिए सबकी आँखों में कैसी एक अद्भुत तृप्ति की खुशी झाँक रही है। कितने दिनों तक फाँसी की सजा कानून की जटिलताओं के कारण बार-बार अटकती रही है। इसलिए ये बहुत दुश्चिंता में थे। हो सकता है ये लोग इसकी चिंता में ठीक से खा-पी नहीं पाए थे। सही तरह से सो भी नहीं पाए होंगे। निमाई मंडल की फाँसी अटकी हुई थी। इसलिए इसकी चिंता में इन

लोगों के शरीर का वजन भी कम गया होगा। आज देखिए ये सभी अपने प्रफुल्लित मन से किस तरह गद्देदार कुर्सी पर बैठे, कॉफी पीते-पीते एक-दूसरे से कैसे खुलकर हँसी खुशी में बातें कर रहे हैं। आइए अब हम देखते है जेल के बाहर क्या हो रहा है। अब जेल के बाहर का दृश्य दिखाया जाए। वह देखिए, उन्मादी जनता में उल्लास! ये सभी निमाई मंडल की फाँसी चाहते थे। आज इस आनंद में ये कितने मग्न हैं। चारों तरफ इसकी खुशी में पटाखे फोड़े जा रहे हैं। लाउडस्पीकर में हिंदी गाने बज रहे हैं। अब मैं आपसे एक ब्रेक के लिए अनुमति चाहता हूँ। धैर्य रखें, लौटकर फिर आता हूँ।

इश्तिहार एक :

दैनिक अखबार 'जागरण' पढ़िए। इसमें आपको मिलेगा खून, बलात्कार, डकैती की रोमांचित कहानियाँ, इसके अतिरिक्त इस अखबार में रहता है, राजनैतिक नेताओं और फिल्मी सितारों की चटपटी कथाएँ। बहुत ही स्वादिष्ट और उतना ही चटपटा। खुद पढ़िए औरों को भी पढ़ाइए। दाम मात्र...

इश्तिहार दो :

अब चिंता नहीं। बाजार में आ गया है लोला-500। इस गाड़ी में पेट्रोल भरिए, जहाँ खुशी जाइए। लोला-500 हँसते-हँसते पहाड़ चढ़ सकता है। पानी पर तैर सकता है। शून्य में उड़ सकता है। सोचने की जरूरत नहीं है, आप आज ही हमारे शोरूम में चले आइए। हमारा पता है...फोन नंबर...

चंपक लहरी आख्यान :

अब हम फिर से लौट आए हैं। वह देखिए, कुछ दूरी पर फाँसी का वह मंच। देखिए, फाँसी की वह रस्सी किस तरह मज़बूती से झूल रही है। आसामी निमाई मंडल के गले में इसी का फँदा लगाया जाएगा। उसके बाद लिवर खींचते ही आसामी निमाई मंडल के पैरों के नीचे से वह तख्ता हट जाएगा। जिससे निमाई मंडल का शरीर झुलने लगेगा। उसके गले की रस्सी का वह फाँस मज़बूती से कैसे उसके गले को जकड़ लेगा। उसके गले की कंठ नली जकड़ने से, कैसे दब कर बैठ जाएगी। जिससे सांसों के बंद होते ही, निमाई मंडल आहिस्ता-आहिस्ता मृत्यु की गोद में चले जाएँगे। जब तक उनकी साँसें थम नहीं जातीं, तब तक वे ऐसे ही झुलते रहेंगे। उसके बाद उनको उठाया जाएगा। एक डॉक्टर उसकी जाँच करने के बाद यह घोषणा करेंगे कि अब कोई डर नहीं, निमाई मंडल का शरीर अब मृत है। बहुत ही निष्ठुर यह मृत्युदंड होगा। इस धरती से लगभग एक सौ बारह देशों में इस तरह के मृत्यु दंड को हटा दिया गया है। मगर अमेरिका में अभी भी जारी है। हमारा देश अभी भी इस तरह के मृत्युदंड को अपनाए हुए है। इसलिए कि निमाई मंडल जैसे हिंसक खूनी को मृत्युदंड मिलना ही चाहिए। बहुतों ने निमाई मंडल की फाँसी की सजा माफ़ करने की बातें कही थीं। उनके अनुसार कोई भी राष्ट्र कभी भी खूनी की

भूमिका में नहीं हो सकता है। यह उचित भी नहीं है। राष्ट्र का काम है मनुष्य के अंदर सुधार लाना। राष्ट्र का काम है मनुष्य को स्वस्थ रूप से बचे रहने में सहायता करना। राष्ट्र का काम है देश के अंदर ऐसा परिवेश बनाए रखना, जिससे देश का कोई भी नागरिक किसी भी तरह का कोई अपराध न करे। इंसानों के अंदर अगर अपराध की प्रबलता बढ़ जाए तो यह समझ लेना होगा कि राष्ट्र की परिचालना में कहीं कोई बहुत बड़ी गलती रह गई है। या कहें गलती हो रही है। माना कि यह सब बातें हमारे लिए मानना कठिन है। कारण कि बचने का अधिकार जिस तरह निमाई मंडल का है, वैसे ही विधायक अनिल कर्मकार की बकरी भोला का भी था। हम जानते हैं वह बकरी भोला हमारे ही जैसे ईमानदार स्वभाव का था। विधायक अनिल कर्मकार बकरी को अपने पुत्र की तरह मानते थे। निमाई मंडल से भोला का कोई संबंध नहीं था। निमाई मंडल अदालत को जो भी कहे हैं या कुछ देर पहले वे मुझे जो कहे हैं वह पूर्णतः झूठ है। वह बकरी भोला किसी दिन भी निमाई मंडल का नहीं था। भोला जन्म से ही अनिल कर्मकार के पास था। वे भोला का पालन-पोषण पुत्र के भाँति करते रहे हैं। कहा जाए तो कहा जा सकता है, पुत्र से बढ कर किए हैं सो गलत नहीं होगा। वह भोला को कभी घर से बाहर नहीं निकलने देते थे। मगर वैश्विक स्वभाव के निमाई मंडल को भोला के प्रति बहुत लालच थी। निमाई मंडल अनिल कर्मकार के घर में जी-हजूरी का काम करता था। भोला के देखरेख का दायित्व उसके ऊपर था। एक दिन भोला के प्रति अपने कर्तव्यों के लापरवाही हेतु अनिल कर्मकार निमाई मंडल को उसके काम से निकाल देते हैं। जिसके कारण निमाई मंडल भोला पर बहुत ही नाराज़ हो जाते हैं। फिर वह एक रात भोला को चोरी कर के अपने घर ले आते हैं। उसके बाद उसकी हत्या करते हैं। उसके बाद उसकी खाल उतारते हैं। उसके बाद उसे टुकड़ों-टुकड़ों में काटते हैं। फिर निमाई मंडल के परिवार के सभी लोग मिलकर भोला के माँस को खा जाते हैं। मगर उसके दूसरे दिन ही ये निमाई मंडल पुलिस के हाथों पकड़े जाते हैं। पिछले दस वर्षों से कानून में इसी सजा का विचार चलता आ रहा है। अदालत में इसके लिए फाँसी की सजा मिली है। उसके बाद तो ये विशेष राजनीतिक दल की सहायता से उच्च अदालत में जाते हैं, वहाँ पर भी उसे फाँसी की ही सजा मिलती है। उसके बाद फिर ये सुप्रीम कोर्ट जाते हैं। वहाँ पर भी निमाई मंडल को फाँसी की ही सजा का आदेश मिलता है। उसके बाद और बहुत से लोग राष्ट्रपति के पास इस सजा की माफीनामा हेतु प्रार्थना पत्र लिखे हैं। मगर राष्ट्रपति के तरफ से नामंजूर कर दिया जाता है। उसके ठीक सत्रह दिन बाद आज के दिन वह फाँसी की सजा कारगर होने चली है। फिर से एक ब्रेक के लिए हम रुकते हैं। कुछ देर बाद हम फिर लौट के आते हैं। तब तक धीरज के साथ इस

ब्रेक का आनंद लें।

इश्तिहार एक :

गोरी होना चाहती हैं? तो अब मार्केट में आ गया है एक नया साबुन 'सुंदरी'। सात दिन व्यवहार करते ही आपके शरीर का काला रंग गोरे रंग में बदल जाएगा। किसी चिंता की बात नहीं। यह सभी दुकानों में आसानी से उपलब्ध है। दाम मात्र...

इश्तिहार दो :

सर्दी जुकाम से परेशान है, डॉक्टर को दिखा रहे हैं। दवा खा रहे हैं। मगर सर्दी ख़ासी दूर नहीं होती। आप निश्चिंत होकर व्यवहार करें 'आराम'। मधु, तुलसी, अदरक रस आदि और भी चीजों से बना 'आराम'। सुबह-शाम दो चम्मच खाईएँ। सर्दी ख़ासी दो दिनों में दूर भगाईएँ।

चंपक लहरी आख्यान :

हम फिर से लौट आएँ हैं। अब देखिए निमाई मंडल किस तरह अपने धीर कदमों को बढ़ाते फाँसी के मंच की तरफ बढ़ते जा रहे हैं। चेहरे पर कोई विकार नहीं है। ऐसा लग रहा है मानो वह किसी राज सिंहासन पर विराजमान होने जा रहे हैं। दर्शकवृंद कैसे उसके तरफ अवाक् चकित हो कर देख रहे हैं। सभी अधीर होकर इंतजार कर रहे हैं उसकी मृत्यु का। इंतजार कर रहे हैं कब किस तरह उसके गले में फाँसी की रस्सी लगाई जाएगी। कब उसका लिवर खींचा जाएगा। कब निमाई मंडल का शरीर तख़्त के नीचे झूलने लगेगा। उस शुभ मुहूर्त में अब विलंब नहीं है। अब और मात्र बीस मिनट की देरी है। उसके बाद आप सबों के संपूर्ण कौतूहल का अवसान होने वाला है। वह देखिए निमाई मंडल करीब आ रहे हैं। अब वह मंच के सामने आकर खड़े होते हैं। मंच पर चढ़ने की पांच सीढ़ियाँ हैं। निमाई मंडल अब पहली सीढ़ी पर अपना पैर रखते हैं। उसके बाद दूसरी सीढ़ी पर। उसके बाद तीसरी सीढ़ी पर। उसके बाद चौथी सीढ़ी पर। उसके बाद अब आखिरी सीढ़ी पर अपना पैर रखते हैं। अब वह फाँसी के मंच पर आकर खड़े हो गए हैं। मंच पर चाँदू डोम उपस्थित है। अब मैं कुछ देर बाद चाँदू डोम के प्रसंग पर आता हूँ। उसके पहले एक ब्रेक के लिए रुक रहा हूँ।

इश्तिहार एक :

आपके दाँतों में यह कैसा दाग? आपके मुँह से यह कैसी बदबू? आपके साथ प्रेमिका क्यों नहीं है? इसकी चिंता से परेशान है? रात में सही तरह नींद नहीं आती है? अब चिंता करने की कोई जरूरत नहीं है! सब कुछ ठीक हो जाएगा। आपके दाँतों का दाग दूर हो जाएगा। दुर्गंध भी समाप्त होगी। आपकी प्रेमिका भी अब आपके सम्मुख रहेगी। आप नियमित नए फार्मूले से निर्मित टूथपेस्ट 'आश्चर्य' का व्यवहार कीजिए। यह सभी दुकानों में आसानी से उपलब्ध है। दाम में बहुत सस्ता।

इश्तिहार दो :

कैसी परेशानी है? चेहरा इतना मुरझाया क्यों है? सिर दर्द? देह-हाथ में दर्द है? नई दवा 'शक्ति' एक खा कर देखें। खाते ही दाँतों का दर्द दूर होगा। सिर दर्द भाग जाएगा। देह का दर्द भी दूर हो जाएगा। इस दवा की कोई साइड इफेक्ट नहीं है।

चंपक लहरी आख्यान :

अब हम फिर से लौट आए हैं। अब मैं चाँदू डोम के बारे में जानकारी देने जा रहा हूँ। इसके पहले आप सब चाँदू डोम की शक्ल सही तरह देख लें। यह देख लीजिए कि चाँदू डोम कि आँखों में इसकी खुशी कैसे उपज आई है। क्या आप लोग यह जानते हैं, चाँदू डोम ने इससे पहले यह फाँसी देने से इनकार कर दिया था। उसकी दो माँगें थीं। एक इस फाँसी के लिए उसे तीस हजार रुपए चाहिए थे। दूसरा उसके पोते को एक स्थाई सरकारी नौकरी देनी होगी। बहुत तरह की टाल-मटोल के बाद सरकार ने इसकी दोनों शर्तें मान ली है। चाँदू डोम के हाथों में सरकार ने पहले से ही तीस हजार रख दी है। और उसके पोते को भी सरकार ने एक स्थाई सरकारी नौकरी दे दी है। अब आप लोग चाँदू डोम को बहुत ही गौर से देखिए, यह देखिए कि चाँदू डोम अब किस तरह से निमाई मंडल के नज़दीक जा रहा है। यह देखिए चाँदू डोम निमाई मंडल को तख्त के बीच में किस तरह खड़ा कर रहा है। अब वह किस तरह उसके दोनों पैरों को रस्सी से बाँध रहा है। पैरों को बाँध लेने के बाद, फाँसी के काले कपड़े से चाँदू डोम किस तरह निमाई मंडल के चेहरे को ढक रहा है। यह सब करने के बाद चाँदू डोम अपनी जगह पर लौट आता है। उसे अब आदेश का इंतजार है। आदेश मिलते ही वह लिवर खींच देगा। तब तक हम एक ब्रेक के बाद वापस आते हैं।

इश्तिहार एक :

पहली लड़की : कैसी परेशानी है? बाल बनाते, कंघी में किस तरह फँसने लगता है। बाल टूटने लगा है। क्या करूँ? सोच रही हूँ-अब लड़कों के तरह ही अपने बालों को छोटे-छोटे कटवा लूँ।

दूसरी लड़की : नहीं, लड़कों के तरह छोटे-छोटे बाल कटवाने की जरूरत नहीं है। लंबे बाल लड़कियों की सुंदरता बढ़ाता है। तुम 'रेशमी' शैंपू व्यवहार करो। तुम्हारे बाल रेशम के समान हवा में उड़ने लगेंगे।

चंपक लहरी आख्यान :

अब हम फिर से लौट आए हैं। चाँदू डोम को अभी भी फाँसी का आदेश नहीं मिला है। इसका कारण यह है कि अभी दस मिनट और बाकी है। इसके पहले अब आप लोग यहाँ बैठे दर्शकों को देख लें। देखें, अभी दर्शकों की आँखों में बहुत बेचैनी दिखाई दे रही है। ऐसी ही बेचैनी को दूर करने के लिए दर्शकों के लिए कॉफी की व्यवस्था की गई है। कोई शीतल जल पी रहा है, तो कोई इसी बेचैनी में सिगरेट भी पी रहा है। ऐसे बहुत से दर्शकों के हाथ में कैमरा है। बीच-बीच में ये

इसकी तस्वीरें ले रहे हैं। यह सब तस्वीरें इनके फोटो एलबम में एक बहुमूल्य संपत्ति बनेगी। वह अपने पोता-पोती को यह तस्वीर दिखा कर बहुत ही गर्व महसूस करेंगे। कहेंगे इस ऐतिहासिक घटना के हम साक्षी थे। सिर्फ इतना ही नहीं इनमें से बहुत से लोग इस घटना पर कविता लिखेंगे। कहानी, उपन्यास लिखा जाएगा। चित्र बनाया जाएगा। फिल्म बनेगी। किसी-किसी के भाग्य में सरकारी नौकरी हो सकती है। हमारी सरकार महानुभाव है, जिसने इस तरह की फाँसी की सजा को भोर पाँच बजे ना करके सुबह दस बजे खुलेआम इसे दिखाने की व्यवस्था की है। इसके लिए दर्शक भी यहाँ सही समय पर देखने के लिए उपस्थित हो गए हैं। अभी दस बजने वाले हैं। बस पाँच मिनट की और देरी है, तब तक हम एक ब्रेक के लिए रुकते हैं।

इश्तिहार एक :

दादा : यह कौन सी बिस्कुट है? यह 'चिंटू' बिस्कुट मैं नहीं खाता।

पोता : खा कर देखिए इस बिस्कुट को खाने से शरीर हल्का रहता है। मन आनंद से प्रफुल्लित रहता है।

दादा: सच्ची! तब एक खा कर देखता हूँ। (बिस्कुट खाने के बाद) सच ही मेरा शरीर हल्का हो गया है। मन आनंद से नाच रहा है।

इश्तिहार दो :

दाद, खुजली से हजार परेशान है 'झटपट' लगाईये। दो दिन में ही सब समाप्त। विश्वास नहीं होता। राम बाबू, श्याम बाबू, मोहन बाबू से पूछ लीजिए। (उसी पल तीन चेहरा टीवी के परदे पर दिखाई देने लगता है।) सभी एक साथ कहते हैं, 'झटपट' का जवाब नहीं।

चंपक लहरी आख्यान :

हम फिर से लौट आए हैं। अब हम फाँसी के अंतिम चरण पर आ गए हैं। वह देखिए जेलर घड़ी देख रहे हैं। बस अब तीन सेकंड की देरी है। तीन सेकंड के बाद सब कुछ समाप्त हो जाएगा। हिंसक खूनी निमाई मंडल की लीला अब समाप्त हो जाएगी। इस धरती पर अब सभी बकरियाँ बेहिचक जीवित रह सकती हैं। खुशी के साथ वह घूम-फिर सकते हैं। बकरियाँ अब आराम से कटहल के पत्ते खा पाएंगी। यह देखिए जेलर चाँदू डोम को रुमाल हिला कर आदेश कर रहे हैं। आदेश मिलते ही चाँदू डोम उसी पल लिवर खींच देता है। लिवर दबाते ही यह देखिए किस तरह पैर तले से तख्त हट गया। ऐसा होते ही निमाई मंडल का पूरा शरीर फाँसी की रस्सी लिए नीचे अंधकार में झुलने लगती है।

कैमरे की आँखें दर्शकों की तरफ है। दिखाई दे रहा है, दर्शक की आँखों में अभी एक अद्भुत प्रशांति है। मगर दो दर्शक की आँखों में परेशानी की छाप अभी है। यह देख कर टीवी पत्रकार उनके तरफ बढ़ जाता हैं। दर्शकों के बीच एक महिला

और एक पुरुष है।

पत्रकार पहले महिला से पूछता है,"आपको यह अनुष्ठान कैसा लगा?"

महिला कहती है, "अच्छा नहीं।"

"क्यों?"

"निमाई मंडल को धरमतल्ला मोड़ पर ले जाकर सबों के द्वारा उसे ब्लेड से चीर-चीर कर मार देना; यही सही होता। तब मुझे शांति मिलती।"

पत्रकार अब पुरुष से पूछता है, "आपको यह अनुष्ठान कैसा लगा?"

पुरुष कहता है, "अच्छा नहीं।"

"क्यों?"

"निमाई मंडल को चिड़ियाखाना ले जाकर किसी शेर के पिंजरे में छोड़ देना; यह उचित होता। तब मुझे खुशी होती।"

अब एक सुंदरी आख्यान :

हमारा आज का यह अनुष्ठान फाँसी का आँखों देखा कमेंट्री अब समाप्त हुआ। आपको कैसा लगा? हमें बताइएगा हमारा पता है...फोन नंबर...

❑❑❑